O QUE ACONTECE A SEGUIR?

O QUE ACONTECE A SEGUIR?

UM GUIA DE ESPERANÇA PARA O FIM DOS TEMPOS

MAX LUCADO

Título original: *What Happens Next?*

As citações bíblicas são da *Nova Versão Internacional*, da Bíblica Inc., salvo indicação contrária.

Copidesque	Pedro Marchi
Revisão	Shirley Lima
Design de capa	Rafael Brum
Projeto gráfico e diagramação	Sonia Peticov

Dados Internacionais de Catalogação na Publicação (CIP)
(Câmara Brasileira do Livro, SP, Brasil)

L965q Lucado, Max
1.ed. O que acontece a seguir?: um guia de esperança para o fim dos tempos / Max Lucado; tradução Vanderlei Ortigoza. – 1.ed. – Rio de Janeiro: Thomas Nelson Brasil, 2024.
320 p.; 15,5 x 23 cm.

Título original: What Happens Next?
ISBN 978-65-5217-030-9

1. Bíblia. N.T. – Apocalipse – Comentários. 2. Bíblia. N.T. – Apocalipse – Crítica e interpretação. 3. Bíblia. N.T. – Apocalipse – Profecias. 4. Profecias – Cristianismo.

08-2024/110 CDD 228.06

Índice para catálogo sistemático:
1. Apocalipse: Profecias: Interpretação: Bíblia 228.06
Bibliotecária responsável: Aline Graziele Benitez – CRB-1/3129

Rua da Quitanda, 86, sala 601A - Centro,
Rio de Janeiro/RJ - CEP 20091-005
Tel.: (21) 3175-1030
www.thomasnelson.com.br

Denalyn e eu gostaríamos de dedicar esta obra aos nossos grandes amigos da HarperCollins Christian Publishing. Por décadas, temos sido beneficiários de sua bondade, profissionalismo e compromisso com a qualidade. É uma grande honra conhecê-los e celebrar o grande trabalho que realizam.

SUMÁRIO

AGRADECIMENTOS

Um grupo extraordinário de amigos e colegas contribuiu para este livro com conselhos, questionamentos, correções e muitas palavras de incentivo. Deixe-me apresentá-los a você.

Karen Hill, minha assistente editorial, com quem venho trabalhando há mais de três décadas. Uma santa que já ouviu mais lições de Lucado e leu mais capítulos de Lucado do que qualquer outra pessoa no planeta. Sou eternamente grato a ela.

Sam O'Neal, meu editor, sempre calmo, imperturbável e competente. Se este livro servir para alguma coisa, será, em grande parte, pela habilidade inata de Sam de ajudar seus escritores a seguirem a trilha, sem se desviarem do caminho. Obrigado, Sam.

Steve e Cheryl Green, que gerenciam minhas publicações e comunicações, meu ministério online... e até a minha vida! Mais do que isso, eles fazem tudo com muita alegria.

À legião de meus companheiros da igreja que se encontraram comigo toda semana por vários meses para ler cada capítulo antecipadamente, orar comigo, estudar passagens e extrair verdades bíblicas. "Os planos fracassam por falta de conselho, mas são bem-sucedidos quando há muitos conselheiros" (Provérbios 15:22). Sou muito grato a Travis Eades, Jeremy Jennings, Pat Hile, Matt Moore e Rick Nicosia.

Três acadêmicos se dispuseram gentilmente a revisar o manuscrito e contribuir com suas ideias: Mark Hitchcock, Matt Queen e David Drury, amigos generosos que doaram tempo, ofereceram críticas construtivas, foram misericordiosos quando discordávamos e encorajadores quando concordávamos. Sou profundamente grato por cada um de vocês.

O. S. Hawkins, Jimmy Evans e David Jeremiah, todos estudantes sérios da Bíblia e sempre disponíveis para conversar ao telefone ou trocar mensagens de texto. Sou grato por sua amizade e torcida.

Sou especialmente grato à minha editora de texto de longa data, Carol Bartley, por quem tenho grande admiração.

Não posso deixar de expressar meu grande apreço por Rhonda Lowry, por verificar e rever as fontes, e a Phil Newman, Kelsey Mitchener e Kristin Spann, por revisar o manuscrito. Obrigado por arrumar minha bagunça. Elena de Medina traduziu este livro para o espanhol e, ao fazê--lo, contribuiu com valiosas sugestões. *Gracias!*

Jana Muntsinger e Pamela McClure, inigualáveis agentes de publicidade. Muito obrigado.

Ao time de ouro da HarperCollins Christian Publishing. Meus agradecimentos a Mark Schoenwald, Don Jacobson, Andrew Stoddard, Mark Glesne, Bria Woods, Janene MacIvor, Laura Minchew, Doug Lockhart, Mark Weising e Davi Schroeder.

Greg, Susan e Andrew Ligon, extraordinários em sua capacidade de cumprir tarefas e gerenciar pessoas. Tenho enorme admiração por vocês.

Uma salva de palmas para Caroline Green, supervisora do *Encouraging Word Podcast* e brilhante companheira para toda obra.

Margaret Mechinus e Janie Padilha, sempre nos bastidores, mas não se engane, são anjos emprestados do céu.

Anos atrás comecei a convidar David Treat, um presbítero de nossa igreja, para nossas reuniões de finalização do texto. Ele nos doa dois ou três dias por ano para se sentar em um canto da sala e orar enquanto trabalhamos. Um verdadeiro servo.

Brett, Jenna, Rosie, Max, Rob, Andrea, Rio, Jeff, Sara e June, nossa família está cada vez maior e meu amor por eles também.

Denalyn, minha esposa, minha cara-metade e companheira em todas as empreitadas. Eu amo você.

E a você, caro leitor, meu muito obrigado. Oro para que Deus o abençoe na leitura deste livro. É um assunto muito empolgante e revigorante.

Ah, sim, mais uma coisa. Tenho lugar reservado no café POFFT (Pastores que Ousaram Falar do Fim dos Tempos). Lá comemoraremos o que acertamos e daremos boas risadas sobre o que erramos feio. Mais do que isso, brindaremos àquele que está acima de todos, Jesus Cristo.

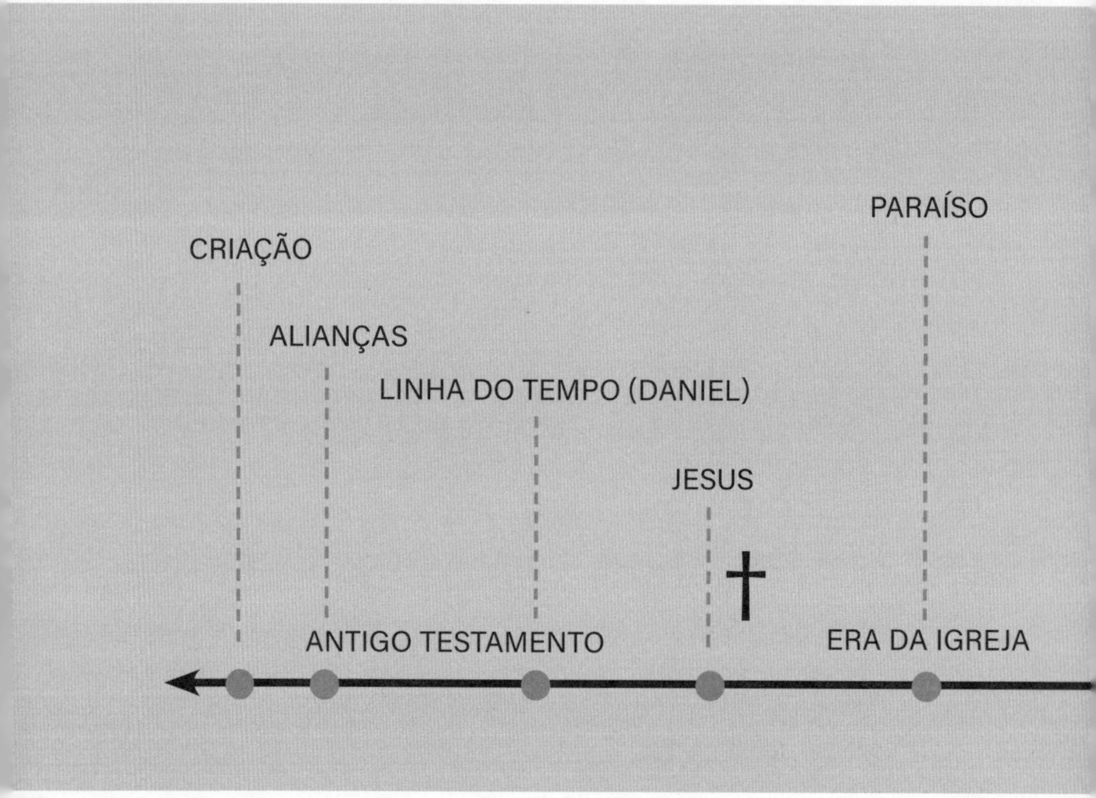
PARAÍSO
CRIAÇÃO
ALIANÇAS
LINHA DO TEMPO (DANIEL)
JESUS
ANTIGO TESTAMENTO
ERA DA IGREJA

LINHA DO TEMPO CELESTIAL

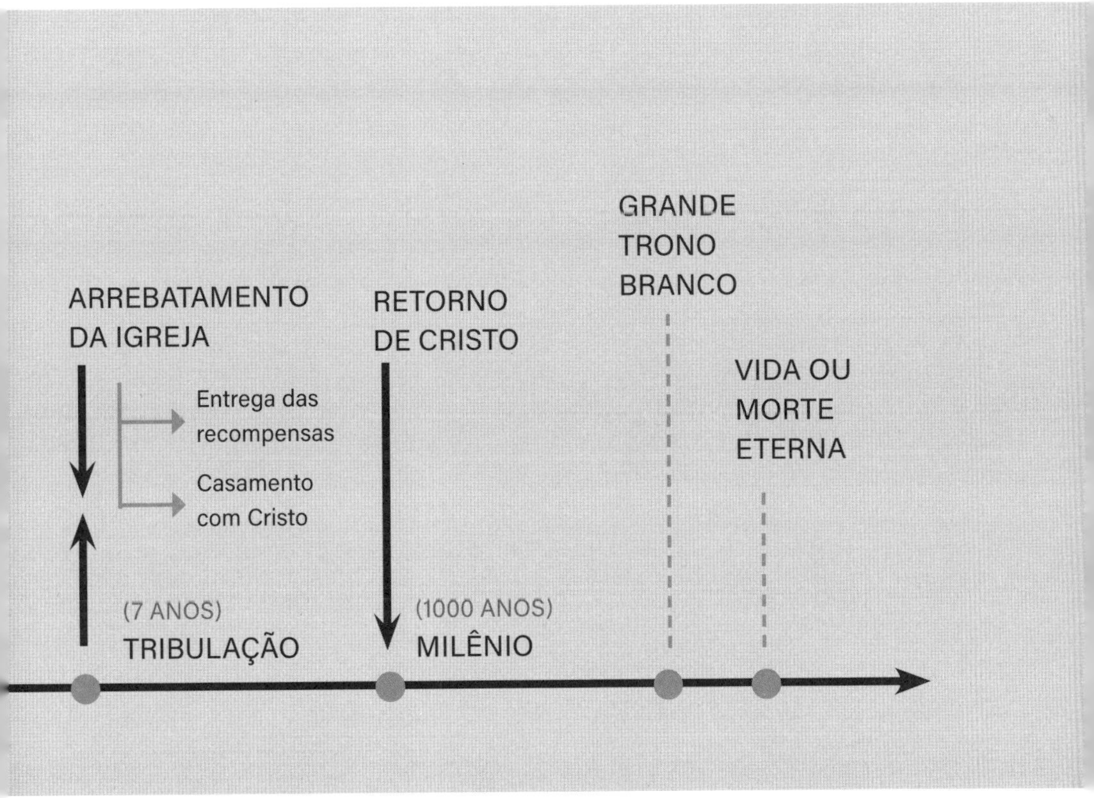

CAPÍTULO 1

PRONTO PARA PARTIR

Você conferiu o tempo, selecionou suas roupas, escolheu o melhor casaco, montou seu kit de higiene pessoal e guardou tudo na mochila. O hotel já está confirmado. O bilhete de embarque já está em seu celular. O táxi para levá-lo ao aeroporto já o aguarda lá fora. Antes de sair, porém, uma pausa para uma última checagem.

Água? Ok.

Carteira? Ok.

Dinheiro? Ok.

Celular? Ok.

Livro? Diário? Caneta? Ok, ok, ok.

Agora é hora de partir.

É claro que imprevistos podem surgir pelo caminho. Algum evento inesperado, uma interrupção aqui, uma mudança acolá. Atrasos, dificuldades, desvios. Impossível prever tudo que pode acontecer, mas você se preparou o máximo possível. Fez planos, montou o itinerário, anteviu problemas. Você está preparado.

Você está pronto para partir.

Seria muita insensatez partir sem nenhum preparo, não?

Já fiz muitas viagens em minha vida. Circulei por dezenas de aeroportos lotados. Perdi a conta da quantidade de hotéis em que me hospedei. Gastei rodinhas de malas de viagem. E, em meio a tudo isso, conversei com centenas de viajantes. Cá entre nós, considero-me um perito em conversa de aeroporto, que tipicamente consiste em uma única pergunta.

"Para onde você está indo?"

É a deixa para um bom bate-papo de viagem. Essa pergunta está para o viajante como a cozinha está para o chef. Eu a uso com frequência.

"Rio", "Madri", "Tóquio", "Kokomo" são algumas das centenas de respostas que já ouvi. Entretanto, nunca, jamais, ouvi alguém dizer "não sei", sequer um único "não faço ideia".

Todo viajante sabe para onde está indo, certo? É o primeiro item da lista em qualquer Guia de Viagem para Leigos.

E por acaso um Guia de Vida para Leigos seria diferente?

Todos estamos indo para algum lugar. A cada dia que passa, somos arrastados para mais perto de nosso último suspiro, a última batida do coração, o último exalar. O tempo não espera ninguém. A morte vem tanto para o jovem como para o idoso, o rico, o pobre, o íntegro, o perverso, o rei e o camponês. Não deveríamos, portanto, viver obcecados com nosso destino?

A Bíblia sugere fortemente essa ideia, pois traz quase setecentas referências ao céu.[1] O Novo Testamento menciona mais de trezentas vezes o retorno de Jesus (uma para cada 25 versículos!). Vinte e três dos 27 livros do Novo Testamento descrevem a segunda vinda de Cristo. E pelo menos cinquenta passagens nos instruem a aguardarmos preparados.[2]

Se quantidade equivale a prioridade, a vida após a morte é um assunto importantíssimo para Deus.

Uma análise do ensinamento da Escritura sobre o futuro revela dois temas recorrentes.

ESPERANÇA É TUDO

À véspera de sua crucificação, Jesus explicou aos seus seguidores o que aconteceria no dia seguinte: ele seria abandonado por seus amigos e executado por seus inimigos. Negação, traição, promessas não cumpridas, morte.

Haveria notícia pior para eles? O mestre morto, os discípulos sozinhos, o sonho arruinado. Dúvidas gigantescas como ondas agitadas em mar tempestuoso inundaram sua mente. "Como isso é possível?", "O que ele quer dizer com isso?", "Para onde iremos?"

Entretanto, antes que pudessem expressar esses pensamentos, Jesus os acalmou.

---

[1]John MacArthur, *The MacArthur New Testament Commentary: Revelation 12–22* (Chicago: Moody Publishers, 2000), p. 262.

[2]Mark Hitchcock, *The End: Everything You'll Want to Know about the Apocalypse* (Carol Stream, Il. Tyndale, 2018), p. 4-5.

> Que o coração de vocês não se perturbe. Creiam em Deus; creiam também em mim. Na casa do meu Pai há muitos aposentos; se não fosse assim, eu teria dito que vou preparar lugar para vocês? Quando eu for e preparar lugar, voltarei e os levarei comigo, para que vocês estejam onde eu estiver. (João 14:1-3)

Observe como Jesus os fez olharem para cima e pensarem em coisas mais elevadas. Jesus falou sobre a casa de seu Pai, sobre preparar um lugar para eles, e prometeu que voltaria, como se dissesse: "Pensem menos em seus temores atuais e mais em seu lar eterno". O que Jesus diria à nossa geração atormentada?

A esperança é uma espécie ameaçada de extinção. Vivemos mais preocupados hoje do que nos últimos cinquenta anos. Em um questionário de pesquisa, somente 14% dos entrevistados assinalaram a opção "muito feliz". Vivemos hoje menos otimistas a respeito do futuro do que nas últimas três décadas. "Quase uma dentre quatro pessoas, o que equivale a um bilhão de seres humanos, se sente muito ou razoavelmente sozinha".[3] A felicidade amargou um tombo. A solidão disparou às alturas. O otimismo levou um gancho de direita no queixo.

Pior do que isso é a falta de paz entre os mais jovens. Uma pesquisa do *National Institute of Mental Health* [Instituto Nacional de Saúde Mental dos Estados Unidos] revela uma epidemia de problemas mentais entre jovens norte-americanos de 18 a 24 anos.

- Um em cada quatro exibe sintomas de transtorno de ansiedade.[4]
- Um em cada oito adultos jovens (13%) revela ideação de suicídio.[5]
- Um em cada sete adultos jovens enfrenta transtorno de uso de substâncias, incluindo drogas ou álcool.[6]

---

[3]Ellyn Maese, "Almost a quarter of the world feels lonely", *Gallup* (24 out. 2023), news. Disponível em: gallup.com/opinion/gallup/512618/almost-quarterworld-feels-lonely.aspx.

[4]"Any anxiety disorder", NIH National Institute of Mental Health. Disponível em: https://www.nimh.nih.gov/health/statistics/any-anxiety-disorder.

[5]Suicide – National Institute of Mental Health (NIMH). Disponível em: https://www.nimh.nih.gov/health/statistics/suicide.

[6]"Alcohol and drug abuse among for young adults". Disponível em: https://www.kff.org/mental-health/press-release/latest-federal-data-show-that-young-peopleare-more-likely-than-older-adults-to-be-experiencing-symptoms-ofanxiety-or-depression/?utm_source=substack&utm_medium=email.

- Em geral, metade dos estudantes universitários afirma sofrer regularmente de ansiedade, depressão, medo ou pensamento suicida.[7]
- Nossos adultos jovens (nossa futura geração de líderes) têm dificuldade para encontrar sentido e propósito de vida.[8]
- O índice de suicídio é o maior desde a Segunda Guerra Mundial.[9]

Compreensível. Afinal, você foi magoado. Seus sonhos se despedaçaram. Seu corpo tem sofrido doenças e envelhecimento. É possível que você esteja se questionando, questionando de verdade, se ainda vale a pena viver.

Eis a terapia de Deus para nossos temores:

> Pois os nossos sofrimentos leves e momentâneos produzem para nós uma glória eterna que pesa mais do que todos eles. Assim, fixamos os olhos não naquilo que se vê, mas no que não se vê, pois o que se vê é transitório, mas o que não se vê é eterno. (2Coríntios 4:17-18)

"ENCARE OS PROBLEMAS DESTA VIDA COM A MENTE CENTRADA NAS PROMESSAS DO CÉU."

Encare os problemas desta vida com a mente centrada nas promessas do céu. O futuro não parece tão medonho quando sabemos o que acontecerá. E podemos conhecer o futuro se conhecermos quem o controla.

---

[7]"Latest Federal Data Show That Young People Are More Likely Than Older Adults to Be Experiencing Symptoms of Anxiety or Depression", March 20, 2023, KFF. Disponível em: https://www.kff.org/mental-health/press-release/latest-federal-data-show-that-young-people--are-more-likely-than-older -adults-to-be-experiencing-symptoms-of-anxiety-or-depression.

[8]Adam Piore, "Scientists' Understanding of Anxiety is Radically Evolving — But How Long Will It Take for Treatments to Catch Up?" *Newsweek*, September 5, 2019. Disponível em: https://www.newsweek.com/2019/09/20/anxiety-medication-drugs-science-exercise-brain-1457006.html.

[9]Deidre McPhillips, "Suicide deaths reached a record high in the US in 2022, despite hopeful decreases among children and young adults", CNN. Disponível em: https://www.cnn.com/2023/11/29/health/suicide-record-high-2022-cdc?cid=ios_app.

DEUS É TUDO

No dia em que Jesus subiu ao céu, dois anjos apareceram e perguntaram a todos que fitavam as nuvens: "Galileus, por que vocês estão olhando para o céu? Este mesmo Jesus, que dentre vocês foi elevado aos céus, voltará da mesma forma que o viram subir" (Atos 1:11).

Jesus voltará! Não "talvez voltará", "possivelmente voltará" nem "quem sabe voltará". Retornará, ponto-final! Essa promessa de retorno não é um sonho, um desejo ou uma fantasia. Estamos falando do retorno garantido de nosso Salvador em carne e osso.

Jesus confirmou essa promessa por meio do túmulo vazio. O apóstolo Paulo estava convicto de que:

> Se Cristo não ressuscitou, tudo que ensinamos a vocês está errado, e vocês investiram a vida em uma ilusão. [...] Se tudo que temos de Cristo serve apenas para alguns poucos anos de vida, coitados de nós. Mas a verdade é que Cristo ressuscitou, sendo o primeiro de muitos que voltarão à vida. (1Coríntios 15:12,19-20, *A Mensagem*)

Não está vazio o túmulo de Jesus? As garras da morte não foram cortadas? Porventura Cristo não descartou suas mortalhas como quem se livra de roupas sujas e saiu do túmulo?

"Sim! Nós vimos Jesus!", afirmaram as mulheres que vieram ao túmulo (João 20:11-17; Mateus 28:9-10).

"Sim! Nós vimos Jesus!", disseram os discípulos reunidos no cenáculo (João 20:19-29).

"Sim! Nós vimos Jesus!", declararam mais de quinhentos seguidores (1Coríntios 15:6).

"Reúna todos esses seguidores", pede o Novo Testamento, "e pergunte-lhes se Jesus ressuscitou dos mortos".

A resposta é um retumbante "sim". O túmulo de Jesus ficou marcado de pegadas ensanguentadas de pés que estiveram pregados à cruz na sexta-feira e totalmente sem vida na sepultura do sábado. No domingo, porém, a esperança da Páscoa os conclamou a se levantarem, marcharem e saírem do túmulo.

Assim que saiu da sepultura, Jesus trouxe esperança para toda a humanidade. Seu túmulo está vazio, mas nossa confiança em seu retorno é transbordante.

Pedro passou grande parte do restante de sua vida em Jerusalém. Quantas vezes deve ter visitado o Jardim das Oliveiras e refletido sobre as palavras do anjo? "Ele voltará". Será que vasculhava as nuvens? Será que pensava no céu? Será que meditava na promessa do anjo? "Ele voltará do mesmo modo que o viram subir".

Três décadas mais tarde, foi exatamente o que ele instigou seus leitores a fazerem: "ponham toda a esperança na graça que será dada a vocês quando Jesus Cristo for revelado" (1Pedro 1:13).

O cristão vive vasculhando o céu na ponta dos pés. "Talvez seja hoje!", esse é nosso primeiro pensamento pela manhã. Nossa esperança está firmada no retorno corporal de Cristo. Aguardamos uma nova era em que Jesus será coroado rei legítimo e nós lhe serviremos como servos agradecidos. Toda a história do mundo caminha para o grande dia em que terá início uma época infindável de glória, justiça e alegria.

"E ele [o Senhor] enviará novamente Jesus, o Cristo que lhes foi designado", declarou Pedro em um de seus primeiros sermões, "pois ele deve permanecer no céu até o tempo da restauração final de todas as coisas" (Atos 3:19-21, NVT).

Todas as coisas serão restauradas. Acaso essa promessa não fala à alma cansada? Cansada de racismo? *Todas as coisas serão restauradas.* Cansada de crianças maltratadas? *Todas as coisas serão restauradas.* Cansada de ataques terroristas, governantes tirânicos, escândalos na igreja? *Todas... as... coisas... serão... restauradas.*

Essa é nossa esperança. *Ele* é nossa esperança, "Cristo Jesus, a nossa esperança" (1Timóteo 1:1). Sigamos o conselho de Paulo: "Pensem nas coisas do alto, não nas coisas da terra." (Colossenses 3:2). Discordo de quem diz que é possível "ter a mente tão envolvida com as coisas do céu a ponto de não prestar atenção as coisas da terra". Pura bobagem. "Quem investiga os registros da história", escreveu C. S. Lewis, "descobre que os cristãos que fizeram mais pelo mundo presente foram justamente aqueles que mais pensaram no porvir". E acrescentou: "Os próprios apóstolos, que possibilitaram a conversão do Império Romano, os grandes homens que construíram a Idade Média, os protestantes ingleses que aboliram a escravidão, todos deixaram sua marca na Terra justamente porque suas mentes estavam ocupadas com o céu".[10]

Comentei com um amigo que eu estava escrevendo um livro a respeito do final dos tempos, e ele, com cinismo, me respondeu: "Por que pensar no futuro? Sou um cara estilo *carpe diem*. Prefiro me concentrar no aqui e agora". Compreensível. Afinal, temos boletos para pagar, filhos para educar, prazos para cumprir. Por que ocupar nosso pensamento com o "ainda não" quando precisamos de energia para enfrentar o "agora"?

Muito simples: compreender o futuro nos capacita a enfrentar o presente. Era a opinião de Paulo: "Concentro todos os meus esforços nisto: esquecendo-me do passado e olhando para o que está adiante, prossigo para o final da corrida, a fim de receber o prêmio celestial para o qual Deus nos chama em Cristo Jesus" (Filipenses 3:13-14, NVT).

Observe as expressões "olhando para o que está adiante", "final da corrida", "prêmio celestial". O melhor da vida ainda está por vir. Você está enfrentando algum desafio nesta vida? Reflita sobre o céu. Seja um seguidor de Cristo que vive com a mente no futuro.

Verdade seja dita, quem não quer conhecer o futuro? Eu quero.

Tenho grande curiosidade de saber o que vai acontecer. Talvez seja a velhice chegando. Em meu próximo aniversário precisarei de espaço para setenta velas no bolo. Terei de apagá-las com extintor de incêndio. Meu cabelo está mais branco, e minha careca, mais ampla. A ampulheta da minha vida tem bem mais areia embaixo do que em cima. Consequentemente, a escatologia (o estudo sobre o fim dos tempos) tem me fascinado. É esquisito, sim, concordo. Muitos se dedicam à jardinagem ou à pintura conforme os anos avançam, mas meu interesse está voltado para questões sobre o Arrebatamento, o Anticristo e o Armagedom. Tenho um grande desejo de saber o que nos aguarda daqui para frente.

É isso aí. Simplesmente estou curioso a respeito do futuro.

Mas também ando preocupado com o presente. E quem não está? Enquanto escrevo essas palavras, os Estados Unidos vivem sob a ameaça de um conflito com o Irã ou a China ou a Rússia ou os três. Israel está

[10] C. S. Lewis, *Cristianismo puro e simples* (Rio de Janeiro: Thomas Nelson Brasil, 2017), p. 180.

em guerra com o Hamas, e o Hezbollah já afia suas facas contra Israel. Não bastasse isso, poderíamos acrescentar outras preocupações, por exemplo, mudanças climáticas, pandemias, escassez de alimento. Essa situação calamitosa tem levado um grupo de pessoas a monitorar a possibilidade de uma catástrofe global. Em sua última estimativa, esse grupo cravou nada menos que "noventa segundos para a meia-noite".[11]

Que mundo, hein? Não é de admirar que quatro entre dez norte-americanos acreditam que estamos vivendo no final dos tempos.[12] O futuro parece extremamente ruim. Todavia, Jesus já nos havia alertado que enfrentaríamos vários perrengues.

De acordo com ele, os últimos dias serão marcados pelo aumento generalizado de:

- falsidades
- sinais celestiais
- turbulência econômica
- terremotos
- perseguição aos cristãos
- conflitos políticos
- escassez de alimentos
- guerras
- pragas
- tumultos
- conflitos étnicos
- falsos profetas
- declínio da fé
- acontecimentos assustadores
- rumores de guerras
- doenças (Mateus 24:4-14; Marcos 13:5-13; Lucas 21:11)

[11] Gayle Spinazzi, "Press release: Doomsday Clock set at 90 seconds to midnight" (24 jan. 2023). Disponível em: https://thebulletin.org/2023/01/press-release-doomsday-clock-set-at-90-seconds-to-midnight/.

[12] Jeff Diamant, "About four-in-ten U.S. adults believe humanity is 'living in the end times'", Pew Research Center (8 dez. 2022). Disponível em: https://www.pewresearch.org/short-reads/2022/12/08/about-four-in-ten-u-s-adults-believe-humanity-is-living-in-the-end-times/.

Notícias que vemos em quase todos os jornais. "Tudo isso, porém, será apenas o começo das dores de parto", acrescentou Jesus (Mateus 24:9, NVT).

Fui informado por uma fonte confiável de que a dor do parto aumenta em frequência e intensidade conforme se aproxima a data do nascimento. Jesus estava se referindo ao dia em que o mundo sofrerá dessa mesma forma. Chegará uma época em que a angústia e a depravação alcançarão patamares jamais vistos.

Será que já estamos vivendo essa época? Em outras palavras...

JÁ ESTAMOS NOS 45 DO SEGUNDO TEMPO?

Acredito que sim. Algo aconteceu na sexta-feira do dia 14 de maio de 1948 que separou nossa era de todas as demais na história da humanidade.

Naquele dia, dois homens sentados tranquilamente em um clube chamado F Street Club, em Washington, DC, preparavam um documento que, em breve, seria lido na Casa Branca. Um deles era Harry Truman, que se tornou presidente dos Estados Unidos depois que Franklin Roosevelt faleceu, no início de seu quarto mandato. Nos anos seguintes, Truman enfrentou um dos capítulos mais tumultuados da história norte-americana: o fim da Segunda Guerra Mundial, o surgimento da Nações Unidas, a dessegregação do exército norte-americano e a criação do Plano Marshall. Truman ainda era presidente quando ocorreu a rendição da Alemanha e do Japão. Também testemunhou a queda da Cortina de Ferro no Leste Europeu e da Cortina de Bambu na China e em parte do Leste Asiático.

Apesar disso, dentre todas as decisões de Truman, nenhuma evocou tanto o passado ou acarretou tantas consequências para o futuro eterno quanto aquela em que ele e seu conselheiro especial, Clark Clifford, se reuniram para tratar: a criação do Estado de Israel. Embora grande parte de seu gabinete, incluindo seu secretário de Estado, se opusessem à ideia, Truman, também cristão, permaneceu firme e buscou o conselho do proeminente pastor J. Frank Norris, de Fort Worth, Texas.[13]

---

[13]Atlas, Dr. J. Frank Norris, "Letter on Israel to President Harry S. Truman", Bible Forum Archives, AV1611.com, September 20, 2008. Disponível em: https://av1611.com/forums/showthread.php?t=498.

Norris lembrou ao presidente a promessa de Deus a Isaque: "Fique nesta terra por algum tempo, e eu estarei com você e o abençoarei. Porque a você e aos seus descendentes darei todas estas terras e confirmarei o juramento que fiz a Abraão, o seu pai" (Gênesis 26:3).

Truman enviou uma nota de agradecimento ao pastor Norris e, pouco tempo depois, tomou sua decisão.

Depois de definirem a melhor maneira de apresentar o assunto, "Clifford ligou às pressas para Elihu Epstein, um oficial da agência judaica em Washington, para informar que o reconhecimento seria divulgado mais tarde, naquele mesmo dia. O Novo Estado Judaico, o primeiro em quase dois mil anos, foi declarado conforme o cronograma: à meia-noite em Jerusalém e às seis da tarde em Washington. Onze minutos depois, Charlie Ross, na Casa Branca, anunciou o reconhecimento *de facto* pelos Estados Unidos".[14]

O presidente assinou uma proclamação de dois parágrafos que dizia: "Este governo foi informado de que um Estado judeu foi proclamado na Palestina e seu governo provisório solicita reconhecimento. Os Estados Unidos reconhecem o governo provisório como autoridade *de facto* do Estado de Israel."

"Estado de Israel" foi escrito à mão, uma vez que o nome não havia sido escolhido senão no último minuto.

Que outra nação recebeu terras por promessa divina, foi removida dessa terra e mais tarde retornou? Nenhuma. Contudo, esse restabelecimento foi prometido na Escritura.

Em **Ezequiel, 650 anos antes de Cristo**: "Pois eu os tirarei das nações, os ajuntarei do meio de todas as terras e os trarei de volta para a sua própria terra" (Ezequiel 36:24).

Em **Isaías, 740 anos antes de Cristo**: "Ele erguerá uma bandeira para as nações a fim de reunir os exilados de Israel; ajuntará o povo disperso de Judá desde os quatro cantos da terra" (Isaías 11:12).[15]

O dia 14 de maio de 1948 foi uma página virada no calendário da história profética. As circunstâncias mudaram quando os judeus

[14]David McCullough, *Truman* (New York: Simon & Schuster, 1992), p. 617-20.

[15]Veja também Isaías 43:5-6; 60:8-10; 61:4-6; Jeremias 16:14-16; 23:3; Ezequiel 11:17-20; 37:1-28.

receberam seu território. Conforme veremos nas páginas seguintes, quase todos os acontecimentos mais importantes do fim dos tempos dependem da existência de Israel como nação.

- O livro de Daniel profetiza uma aliança entre Israel e o Anticristo (Daniel 9:27). Isso só pode acontecer se Israel existir como nação.
- A Escritura profetiza a reconstrução do Templo (Isaías 2—4; 2Tessalonicenses 2:4). De novo, é necessário um Estado judeu para isso acontecer.
- Daniel e Jesus mencionaram um terrível sacrilégio no Templo (Daniel 12:11; Marcos 13:14). Sem Israel, sem Templo.
- A guerra do Armagedom só faz sentido se a terra em que se encontra esse vale em particular (chamado Megido) estiver sob o domínio de Israel.

Esse regresso a Israel era impensável antes de 1948. Os judeus passaram mais de vinte séculos dispersos por entre mais de setenta nações. Todavia, desde 1948 tem havido um movimento de retorno. Hoje, pela primeira vez desde 135 d.C., existem mais judeus vivendo em Israel do que em qualquer outra parte do planeta.

Essa recolonização é muitas vezes referida como "superssinal". A Bíblia se refere repetidas vezes ao reagrupamento dos judeus como um divisor de águas necessário antes dos acontecimentos do fim dos tempos (Jeremias 30:1-5; Ezequiel 34:11-24; Ezequiel 37; Zacarias 10:6-10). É como o agitar de bandeiras em uma corrida de Nascar para indicar a última volta. Outros sinais adquiriram uma importância maior depois desse superssinal. Ora, sempre houve guerras, desastres e falsidades. Entretanto, depois do marco histórico da restauração de Israel, os sinais restantes revelam progressivamente o fim iminente.

Se a história fosse um ano, já estaríamos vivendo o final da primavera.

Se a história fosse um dia, o sol já estaria se pondo.

Se a história fosse uma hora, os ponteiros do relógio já estariam quase marcando hora cheia.

Estamos vivendo os últimos dias. Portanto, prestemos atenção e declaremos todos juntos: o fim se aproxima.

Essa era minha função no time da minha escola. Eu era um dos jogadores encarregados de anunciar que faltavam poucos segundos para o fim do jogo. Além de mim, havia mais quatro ou cinco nessa função, um bando de desajustados dentro do time principal, isto é, não éramos ruins o bastante para sermos cortados do time nem bons o bastante para jogar em campo. Se nosso time fosse um canil, nós seríamos os vira-latas.

Apesar disso, tínhamos nosso momento de glória.

A um sinal do treinador, nossa função era correr às margens do campo com as mãos levantadas e gritar: "Tá acabando!", "Tá acabando!".

As equipes se cansavam à medida que o jogo ia avançando. Era o tempo começando a cobrar seu preço. Consequentemente, os jogadores precisam de um chacoalhão. "Vamos lá! É a reta final! Fica esperto!"

Alguém tinha de sair gritando "Tá acabando!". Era justamente essa a nossa função.

Porventura não temos necessidade de fazer o mesmo hoje?

Cristo pode retornar a qualquer momento. Creio nisso de todo o coração, não apenas porque está escrito na Bíblia, mas também por causa das notícias que leio nos jornais.

É um bom momento para esclarecer que "ninguém sabe o dia nem a hora em que essas coisas acontecerão, nem mesmo os anjos no céu, nem o Filho. Somente o Pai sabe" (Mateus 24:36, NVT). A hora exata permanece como um segredo. Contudo, embora não seja possível saber o dia nem a hora, podemos prestar atenção aos sinais. Você concorda que os sinais de nossa época justificam vivermos vigilantes?

> "JÁ ESTAMOS VIVENDO OS ÚLTIMOS DIAS. PORTANTO, PRESTEMOS ATENÇÃO E DECLAREMOS TODOS JUNTOS: O FIM SE APROXIMA."

Nós temos uma escolha. Podemos olhar para o futuro com temor ou com fé. O medo vê pouca razão para ter esperança e toda razão para viver com ansiedade. Em contrapartida, a fé vê a história se aproximando cada vez mais de uma nova era, de um destino celestial. Deus nos mostra o que acontecerá não para nos assustar, mas para nos preparar, como um piloto de avião avisando aos passageiros sobre turbulências à frente. Todo bom piloto mantém seus passageiros bem-informados. Nosso Pai bondoso faz o mesmo.

Desde agora até o fim dos tempos, surgirão instabilidades severas. Apesar disso, chegaremos a salvo ao nosso destino.

> “DEUS NOS MOSTRA O QUE ACONTECERÁ, NÃO PARA NOS ASSUSTAR, MAS PARA NOS PREPARAR.”

Talvez você tenha um pé atrás com esse assunto. As coisas que leu sobre o fim dos tempos podem ter deixado você confuso, talvez até mesmo cínico. Compreensível. Afinal, a profecia está para a Bíblia como o Serengeti está para a África: algo enorme e assustador. É um mundo de números, símbolos e feras selvagens. A maioria prefere andar por caminhos mais bem-demarcados e domesticados: os ensinamentos de Jesus, as doutrinas de Paulo, a biografia dos patriarcas. Profecia bíblica é um assunto intimidador para muitos cristãos.

Para outros, é uma obsessão. Se a profecia bíblica é um Serengeti, alguns cristãos são caçadores de feras. Enxergam profecias em todas as páginas, simbolismos em todas as histórias, pistas em todos os versículos. Embora disponham de muita informação, também podem ser teimosos em suas opiniões. Peritos em profecias tendem a ser autoconfiantes. Falam como se fossem caçadores de grandes feras selvagens. Sempre parecem saber algo (e se gabam disso) que os demais não sabem.

Entre um posicionamento e outro, situa-se a postura saudável de evitar os extremos da ignorância e da arrogância. São cristãos que buscam o que Deus mais deseja: a confiança firme de que nosso amanhã está nas mãos de nosso Senhor. O propósito da profecia é incutir nos santos a percepção da soberania de Deus. Conforme escreveu Paulo: “Mas aquele que profetiza fortalece, anima e conforta os outros” (1Coríntios 14:3, NVT). A profecia nos prepara para enfrentarmos o futuro com fé.

Quinhentos anos atrás, os marinheiros temiam o horizonte. Navegar para muito longe era se arriscar a cair da borda do mundo. A sabedoria das pessoas da antiguidade advertia contra tudo que não era possível enxergar. Esse bom senso também aparece em um monumento erigido no Estreito de Gibraltar na época em que os espanhóis controlavam a região. Em sua margem mais estreita, de onde a África enxerga a Europa, levantaram uma Coluna de Hércules, uma torre enorme que trazia em sua base três palavras em latim, "*nec plus ultra*" ("não mais além").

Mas então veio Colombo, com sua viagem de 1492. A descoberta do Novo Mundo escancarou as portas do oeste para a Espanha. Consequentemente, retornaram ao monumento e removeram a primeira palavra, transferindo a expressão restante até mesmo para suas moedas: "Mais além".[16]

Retire o "não" de seu futuro. Abra seu coração e sua vida para as grandes promessas. Você foi criado para explorar tudo que virá pela frente. Esperança é tudo. Deus é tudo.

Venha, vamos nos preparar para partir.

[16]John Gilmore, *Probing heaven: key questions on the hereafter* (Grand Rapids: Baker Book House, 1989), p. 65.

PARTE 1

QUATRO IDEIAS GRANDIOSAS

Passagens para o "voo para lugar nenhum" se esgotaram em dez minutos. De acordo com a empresa aérea Qantas, foram as passagens mais rapidamente vendidas da história da companhia. Os assentos mais baratos custavam US$ 575. Assentos na primeira classe chegavam a US$ 2.675. E o que os passageiros ganharam com isso? Sete horas sobrevoando a Austrália em círculos para depois aterrissarem no mesmo aeroporto de onde decolaram.[1]

Tudo culpa da Covid-19. Cansados do isolamento em casa após meses sem ter aonde ir, esses passageiros se dispuseram a pagar centenas de dólares para ir a... lugar nenhum.

Perdoe minha aspereza, mas continuarei com meu dinheiro no bolso e meus pés no chão. Voar em círculos não me parece nem um pouco convidativo. Voar para um destino é outra história! Mais do que isso, é bíblico.

Em suas páginas, a Bíblia traz uma promessa inerente: nosso destino é melhor do que o início de nossa jornada. Sobrevivemos aos invernos da vida porque cremos em uma primavera gloriosa que nos aguarda.

"SOBREVIVEMOS AOS INVERNOS DA VIDA PORQUE CREMOS EM UMA PRIMAVERA GLORIOSA QUE NOS AGUARDA."

[1] Francesca Street, "What happened on the Qantas flight to nowhere", CNN, atualizado em 12 de outubro, 2020. Disponível em: https://www.cnn.com/travel/article/qantas-flight-to-nowhere-passenger-experience/index.html.

Essa promessa está fundamentada em um quarteto de convicções que transparecem desde o primeiro capítulo do primeiro livro da Bíblia e prosseguem ao longo da Escritura até a última página do último livro.

- Fomos criados para reinar.
- Deus prometeu e cumprirá suas promessas.
- O céu aguarda a contagem final.
- Uma era dourada, o milênio, aguarda os filhos de Deus.

Essas são as quatro ideias grandiosas que atuam como pilares dos acontecimentos que sobrevirão. Pense nesses pilares como pedras maiores no fundo da jarra do fim dos tempos sobre as quais se amontoam pedras menores.

A maioria de nós conhece muitas dessas pedras menores. Quando pensamos no fim dos tempos, várias imagens e ideias específicas saltam à mente: os sete anos caóticos da tribulação; a crueldade e o carisma do Anticristo; o espetáculo assustador da batalha final do Armagedom há muito profetizada. São eventos como esses, assustadores como presas de uma serpente e estrondosos como rojões de Ano-Novo, que tornam essa discussão tão estimulante.

Prometo que examinaremos cada um deles. Nenhum desses grandes acontecimentos ficará sem resposta neste livro.

Comecemos, porém, por esses quatro pilares, essas quatro ideias grandiosas que servirão de fundamento sólido para compreendermos os planos de Deus para o futuro. Não voaremos em círculos. Nosso destino é um lugar melhor do que nosso ponto de partida.

C A P Í T U L O 2

O REINO CONTRA-ATACA

Não há sonhos maiores para você do que os sonhos de Deus. O engano mais insidioso da história da humanidade é a mentira de que "Deus está contra você". Nada poderia estar mais longe da verdade. Aquele que teve a ideia de criar você planejou um futuro inimaginável para sua vida.

E ele revelou esse plano no Éden, o jardim mais famoso da história. Quer saber qual é esse plano? Então vejamos o que aconteceu antes. O plano de Deus para você e para mim foi revelado nas primeiras páginas da Bíblia. A escatologia, o estudo das coisas que ocorrerão nos últimos dias, começa com a protologia, o estudo da origem das coisas.

> "O PLANO DE DEUS PARA VOCÊ E PARA MIM FOI REVELADO NAS PRIMEIRAS PÁGINAS DA BÍBLIA."

Nosso destino: a concretização do Éden

Nossa história começa assim: "Então disse Deus: "Façamos o homem à nossa imagem, conforme a nossa semelhança. Domine ele sobre os peixes do mar, sobre as aves do céu, sobre os grandes animais de toda a terra e sobre todos os pequenos animais que se movem rente ao chão" (Gênesis 1:26).

Deus havia criado muitas coisas antes disso: estrelas já cintilavam à noite, nuvens já se dispersavam pelos céus, flores enchiam o ar com fragrâncias, pássaros enchiam o ar de música, animais passeavam pelos vales e dormiam sob as árvores. Apesar de magnífica e grandiosa, a criação não foi formada à imagem de Deus.

Esse privilégio foi reservado para criaturas como você e eu, seres humanos formados à imagem de Deus. E a ninguém mais.

Nem anjos.

Nem elefantes.

Nem polvos.

Nem meu cachorro Andy.

Somente os seres humanos. Como isso aconteceu?

"Então o Senhor Deus formou o homem do pó da terra" (Gênesis 2:7).

Caras leitoras, talvez vocês já tenham se perguntado por que nós, homens, somos tão desleixados. A resposta é simples: fomos criados a partir do pó! Deus cavou um pouco de terra do jardim e formou o torso de Adão. Cavou um pouco mais e esculpiu duas pernas. Por fim, fez uma bola de lama para servir de cabeça e outra menor para servir de nariz. A mesma mão que arremessou estrelas pelo céu e escavou fendas para os mares também esculpiu o primeiro ser humano.

Então, em um ato que deve ter deixado os anjos boquiabertos, "soprou-lhe nas narinas o fôlego de vida, e o ser humano se tornou um ser vivente" (Gênesis 2:7).

Deus exalou e Adão inalou. Pela primeira vez, pulmões inflaram e desinflaram, em um ato que se repetiria zilhões de vezes. Adão recebeu vida. Entretanto, não era apenas oxigênio que entrava por suas vias aéreas: ele tinha o sopro de Deus. Que criatura impressionante deve ter sido: livre da ganância, livre do ódio, livre da culpa, livre do medo.

Adão era perfeito. Tão perfeito que Deus lhe deu um emprego: "O Senhor Deus tomou o homem e o pôs no jardim do Éden para cultivá-lo e guardá-lo" (Gênesis 2:15).

Deus delegou ao primeiro homem a tarefa de cuidar da criação. Em seguida, providenciou alguém para auxiliá-lo. "Não é bom que o homem esteja só" (Gênesis 2:18). Que gostoso ouvir isso!

Pela primeira vez Deus usou a expressão "não é bom". Ao criar a luz, disse que era boa. Ao criar a terra, disse que era boa. A mesma coisa para as plantas, as árvores, o dia e a noite. Tudo era bom!

Mas Adão sozinho, sem companhia, sem parceira, "não é bom". Deus trouxe a Adão todos os animais e as aves "para ver como os designaria [...] Contudo, não se encontrava para o homem uma aliada semelhante a ele" (Gênesis 2:18-20).

Adão cumpriu seu papel e deu nome a todas as criaturas. Chamou o hipopótamo de hipopótamo, o rinoceronte de rinoceronte, o mosquito de mosquito. Todavia, não encontrou "alguém que o ajudasse e o completasse" (Gênesis 2:20, NVT).

Não sei você, mas eu estou muito feliz que não tenha encontrado! Já pensou se Adão tivesse escolhido um javali? Deus, entretanto, tinha uma surpresa especial para Adão.

> Então o Senhor Deus o fez cair num sono profundo. Enquanto o homem dormia, tirou dele uma das costelas e fechou o espaço que ela ocupava. Dessa costela o Senhor Deus fez uma mulher e a trouxe ao homem.
>
> "Finalmente!", exclamou o homem.
>
> "Esta é osso dos meus ossos,
> e carne da minha carne!
> Será chamada 'mulher',
> porque foi tirada do 'homem'."
>
> Por isso o homem deixa pai e mãe e se une à sua mulher, e os dois se tornam um só. (Gênesis 2:21-24, NVT)

Deus colocou Adão para dormir (santificando para sempre o ato de tirarmos uma boa soneca), extraiu uma costela de Adão e, com ela, criou uma companheira perfeita. Eva, a exemplo do osso com que foi formada, foi criada para viver pertinho do coração de Adão. Que vida boa!

"Aí ele disse: [...] Eles terão poder sobre os peixes, sobre as aves, sobre os animais domésticos e selvagens e sobre os animais que se arrastam pelo chão" (Gênesis 1:26, NTLH).

Tanta coisa para destacar! Por onde começar? Talvez pelo pronome pessoal "eles". Homem e mulher deveriam ser companheiros. Ambos foram formados à imagem de Deus, ambos são igualmente valiosos para Deus.

Ambos teriam "poder" sobre peixes, aves e animais (outras versões trazem "domínio"; ARA, NVT).

Reinariam sobre a criação, seriam corregentes com Deus.

Entretanto, alguma coisa aconteceu. Afinal, temos domínio sobre o mar? Sobre os animais? Sobre a criação? Longe disso. Hoje mal conseguimos fazer um peixe morder a isca, que dirá nos obedecer. Alguns animais prefeririam nos devorar a se submeterem ao nosso domínio. De acordo com a observação de um dos escritores do Novo Testamento: "Quando Deus os designou [Adão e Eva] responsáveis sobre tudo, nada foi excluído. Mas ainda não vemos todas as coisas debaixo da jurisdição humana" (Hebreus 2:8, *A Mensagem*).

De fato, ainda não. Em vez de dominar o mundo, sentimos que somos dominados por ele. A criação se encontra em um estado de corrupção, erupção e poluição: ondas de calor, incêndios florestais, furacões, terremotos, escassez de alimentos. "Pois sabemos que toda a criação geme em conjunto como se sofresse dores de parto até agora" (Romanos 8:22). Alguma coisa deu errado. Mais do que isso, homens e mulheres não têm se comportado como parceiros, mas como rivais.

O que aconteceu?

O pecado aconteceu. A rebelião aconteceu. Satanás aconteceu. A ganância aconteceu. Um vilão se infiltrou no jardim e convenceu o casal de que aquele espaço opulento e resplandecente não era adequado. O Éden não era suficiente. Eles queriam ser iguais a Deus. E Deus, ciente do que é melhor para sua criação, disse "não" e suspendeu o projeto do jardim do Éden, temporariamente.

Ele não cancelou nem abandonou o projeto. E certamente não desistiu de nós. Em verdade, fez exatamente o oposto disso.

A decisão de Deus: o Éden restaurado

Deus colocou em movimento um plano de redenção que inclui promessas, profetas e milagres. Ele fez uma aliança com Abraão, enalteceu José no Egito, encorajou Davi e fortaleceu Ester.

Apesar disso, as pessoas continuaram pecando. Era impossível escapar da maldição do egocentrismo. Depois de Adão pecar, todos nós prosseguimos pecando. Seriam necessários um homem perfeito e um sacrifício perfeito para superar essa situação.

Entra em cena Jesus Cristo.

A Escritura se refere a ele como o último Adão (1Coríntios 15:45-49). De fato, os dois têm muita coisa em comum. A exemplo de Adão, Jesus não teve um pai terreno. A exemplo de Adão, Jesus recebeu autoridade sobre a criação. A exemplo de Adão, Jesus foi tentado. Entretanto, ao contrário de Adão, Jesus nunca pecou.

Somos gratos ao apóstolo Paulo por esta breve conclusão:

> Aqui está um resumo de tudo: assim como uma única pessoa errou e nos deixou todo esse problemão com o pecado e a morte, também uma única pessoa fez o que era certo e nos livrou de tudo isso. Mais que apenas nos livrar do problema, ele nos trouxe para a vida! Um homem disse não a Deus e afundou muita gente no erro; outro homem disse sim a Deus e consertou tudo o que estava errado. (Romanos 5:18-19, *A Mensagem*)

Naquilo que Adão falhou, Jesus foi bem-sucedido. Jesus fez por nós o que uma operação de resgate fez por um grupo de crianças perdidas na Amazônia.

Em 1º de maio de 2023, uma aeronave pequena com sete passageiros caiu em uma das regiões mais remotas do mundo: a Floresta Amazônica. O avião voava de uma aldeia minúscula para outra um pouco maior, situada a centenas de quilômetros ao sul de Bogotá, na Colômbia.

Evidentemente, o motor falhou em pleno voo, forçando um pouso de emergência sobre a mata densa e o solo impiedoso da floresta. Presumiu-se que os sete passageiros haviam morrido. A chance de sobrevivência era minúscula. A área de busca compreendia mais de cem quilômetros de extensão por trinta quilômetros de largura.

Depois de mais de duas semanas de buscas, as forças especiais da Colômbia finalmente localizaram os destroços. Foi com tristeza que encontraram três passageiros mortos no impacto. Apesar disso, uma surpresa: os demais ocupantes, quatro crianças com idades entre onze meses e treze anos, todos irmãos, não estavam a bordo nem nas proximidades do local da queda.

O governo da Colômbia redobrou os esforços e enviou 150 soldados, além de cães farejadores e quarenta voluntários. Pistas minúsculas de esperança começaram a aparecer: uma mamadeira aqui, algumas pegadas acolá, fraldas sujas. Aquelas crianças haviam crescido próximo à floresta. E, embora as mais velhas soubessem quais plantas e insetos evitar, eram apenas crianças. Como é possível que ainda estivessem vivas?

Dias se transformaram em semanas e o desespero começou a aumentar. A equipe espalhou caixas de alimentos, água e até apitos pela floresta, na esperança de ajudar aquelas crianças. Entretanto, nenhum sinal delas. Passados mais de trinta dias de esforços, a equipe de resgate começou a imaginar se as crianças estavam se esquivando de propósito.

Conforme se verificou depois, foi exatamente o que fizeram.

Mais de uma vez, a equipe passou a menos de vinte metros dessas crianças, as quais, por não saberem se aquelas pessoas estavam lá para ajudá-las ou machucá-las, simplesmente se esconderam daqueles que poderiam salvá-las.[1]

Seria essa história uma parábola para a humanidade?

A mensagem maior da Bíblia fala da busca incansável de Deus por seus filhos. Aquilo que ele decreta nos céus é propagado por toda a criação. Ele restaurará seu jardim. Ele o compartilhará com seus filhos. Nosso nome está escrito na grandiosa narrativa de Deus.

Contudo, como temos agido? Vivemos resistindo àquele que veio nos salvar.

Adão e Eva também agiram assim. "Quando o homem e a sua mulher ouviram o som do Senhor Deus, que caminhava pelo jardim ao sopro do vento do dia, esconderam-se da presença do Senhor Deus entre as árvores do jardim" (Gênesis 3:8).

Eles se esconderam de Deus! Desde então, todos os seres humanos têm fugido dele. Adão e Eva se cobriram com folhas de figueira. Hoje nos cobrimos com profissão ou posição social. Eles se esconderam atrás de árvores. Hoje nos escondemos nos arbustos da negação, do orgulho ou da vergonha.

Deus, que jamais se deixa dissuadir tão facilmente, saiu para procurá-los com uma pergunta que tem ressoado ao longo das eras.

"O Senhor Deus, porém, chamou o homem e perguntou: — Onde você está?" (Gênesis 3:9). A pergunta não tem a ver com localização geográfica. Deus sabia muito bem onde eles estavam. Antes, era uma questão de intimidade. "Como estão as coisas entre nós? Como vai meu plano para sua vida?"

A pergunta pressagiava uma missão de resgate divino. Deus começou a enviar mensagem após mensagem, milagre após milagre, misericórdia após misericórdia. Usou patriarcas, matriarcas, profetas e pastores.

---

[1] Diana Durán, Ana Vanessa Herrero e Terrence McCoy, "How four children survived Amazon plane crash, 40 days alone in jungle", *Washington Post*, June 17, 2023. Disponível em: https://www.washingtonpost.com/world /2023/06/17/children-plane-crash-survivors-amazon-colombia/.

Não pensou duas vezes antes de usar uma baleia, um jumento ou uma sarça ardente para chamar nossa atenção.

Com zelo semelhante, os colombianos bolaram um plano. O que poderia convencer aquelas crianças a saírem de seu esconderijo? Usando de criatividade, a equipe ligou um alto-falante no último volume, capaz de propagar som até um quilômetro em todas as direções. Em seguida, e aqui está o detalhe mais importante, tocaram uma mensagem gravada pela avó daquelas crianças: "Permaneçam onde estão, a equipe de resgate está aqui para ajudar vocês".

No quadragésimo dia de buscas, aquelas quatro crianças (magras, desnutridas, salpicadas de mordida de insetos e, acima de tudo, com muito medo) foram encontradas por meio da voz de uma vovó querida que as chamou para fora da escuridão.

Elas só precisavam de uma voz em que confiar.

Nós também.

Em um ato de amor magnífico, Deus se tornou humano. Jesus Cristo entrou em nossa floresta de dores e angústias e, com uma voz em que podíamos confiar, entregou uma mensagem à qual não ousaríamos resistir: *Eu vim para tirar você daqui*.

Jesus não apenas nos chamou, como também morreu em nosso favor. Era necessário que assim acontecesse. Lembre-se de que o jardim de Deus é perfeito, mas seus filhos estão muito longe disso. Quando Jesus morreu na cruz, tomou nosso lugar, morreu em nosso favor e pagou nossa dívida. Aquele que não conheceu pecado se tornou pecador para que nós, pecadores, pudéssemos ser considerados sem pecado.

O sonho de Deus nunca mudou. Leia esse convite:

> Eis que estou à porta e bato. Se alguém ouvir a minha voz e abrir a porta, entrarei e cearei com ele, e ele, comigo. "Àquele que vencer darei o direito de se assentar comigo no meu trono, como eu também venci e me assentei com o meu Pai no seu trono. Quem tem ouvidos ouça o que o Espírito diz às igrejas". (Apocalipse 3:20-22)

A história de Deus termina com todos os seus filhos, incluindo você e eu, vivendo, governando, comemorando e servindo em um mundo perfeito. O último livro da Bíblia traz o seguinte a respeito de Jesus:

"Tu és digno de receber o livro
e de abrir os seus selos,
pois foste morto
e com o teu sangue compraste para Deus
gente de toda tribo, língua, povo e nação.
Tu os constituíste reino e sacerdotes para o nosso Deus,
e eles reinarão sobre a terra". (Apocalipse 5:9-10)

Isso é para você também! A parada final de seu itinerário rumo ao céu inclui não apenas o Éden, mas também uma posição de autoridade nesse jardim. Você governará junto com Deus sobre toda a criação.

Nossa autoridade no céu é um assunto muito importante na Escritura. Essa autoridade foi apresentada em Gênesis, confirmada em Apocalipse (22:5) e mencionada por muitos, incluindo o próprio Jesus! O decreto de Deus de que governaremos com ele é o cumprimento de sua declaração no jardim do Éden. Jesus compartilhará seu reinado conosco, seus coerdeiros.

Faça uma pausa para assimilar a grandiosidade dessa promessa. Você reinará com Cristo! Hoje ouvimos muitas bobagens sobre identidade e autoimagem. Em nosso desejo de ter uma boa autoimagem, saímos por aí dirigindo carros velozes, fazendo lipoaspiração, participando de gangues ou vestindo calças apertadas (ou largas) demais.

Contudo, haveria cura melhor para nossa apodrecida autoimagem do que a descoberta de nosso destino eterno? Deus está nos preparando para uma tarefa divina. "Eu designo a vocês um reino", disse Jesus, "como o meu Pai o designou a mim, para que possam comer e beber à minha mesa no meu reino e se assentar em tronos" (Lucas 22:29-30). Veja só quão importante você é para Deus! O propósito e o plano dele para você talvez comecem nesta vida, mas não serão plenamente realizados até chegarmos ao céu.

O mundo pode ser um lugar muito difícil. Sentimo-nos marginalizados, excluídos. A sociedade valoriza demais os ricos e os belos. Muitos de nós não somos nem uma coisa nem outra. Apesar disso, esse sentimento de insignificância desaparecerá no momento em que Jesus, o Rei, nos coroar e nos conceder autoridade. Como exatamente reinaremos? Onde reinaremos? E quando isso tudo começará?

Destrincharemos essas questões nos próximos capítulos. Por ora, tome consciência da ideia maior. Creia no Deus que acredita em você!

Você não está em um beco sem saída. Sua jornada não termina em seu último batimento cardíaco. Seu valor não é medido pela quantidade de dinheiro que você tem em conta nem pelos diplomas pendurados em sua parede, pelo número de seguidores em sua rede social, pelo número de pessoas com quem você dormiu, pelas tranqueiras que você amontoa em sua garagem, pelas tatuagens que exibe em seu corpo. Você não foi criado para acumular bens, poder ou prestígio.

"VOCÊ NÃO ESTÁ EM UM BECO SEM SAÍDA. SUA JORNADA NÃO TERMINA EM SEU ÚLTIMO BATIMENTO CARDÍACO."

A história do Éden não diz respeito somente ao primeiro ser humano; ela fala também do plano de Deus para cada pessoa. O que Deus fez por Adão também fez por você. Ele criou você, soprou vida em seu corpo e o designou para servir-lhe em um lugar perfeito. Você consegue ouvi-lo? "Vejo algo grandioso em você. Aceite meu destino para sua vida!"

Caro leitor, não perca essa oportunidade.

Se você ainda não disse sim a Jesus, faça isso agora mesmo. Não é nada complicado. Jesus já fez todo o necessário. Basta dizer algo como:

Jesus,
não sou perfeito, pois tenho muitos pecados, mas creio no Senhor.
Perdoa-me, salva-me e me transforma.
Nas suas mãos entrego minha vida.
Em seu nome eu oro, amém.[2]

[2]Você aceita Cristo? Que maravilha! Encontrarei você no céu! Enquanto isso, dê os primeiros passos na fé: encontre uma igreja para se batizar, estude a Bíblia e ingresse em uma comunidade de fé.

CAPÍTULO 3

ALIANÇAS CATIVANTES

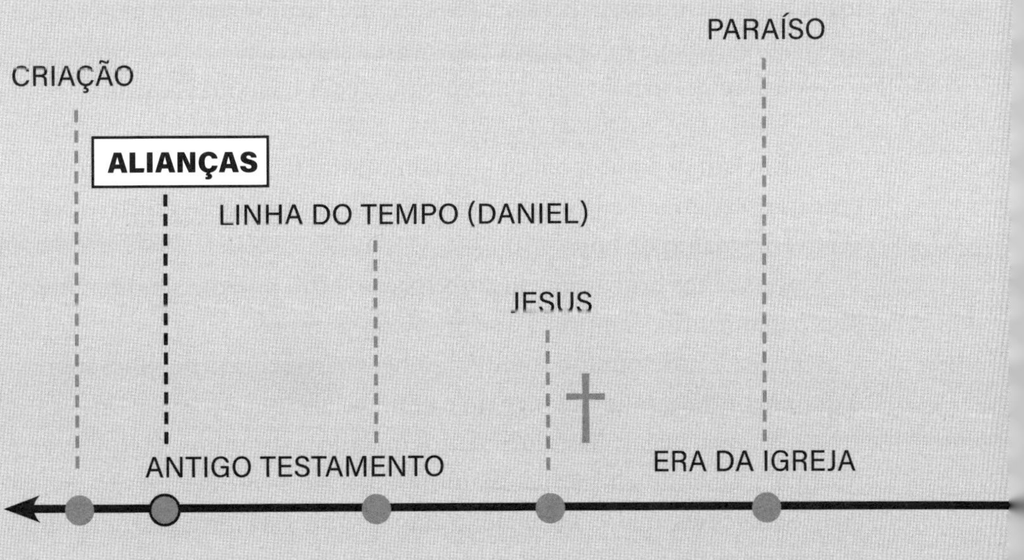

Meu pai considerava muito importante nossas viagens de férias em família, que sempre envolviam um longo trajeto de automóvel, começando em nossa casa, no oeste do Texas, e terminando em alguma área de camping. Colorado e Novo México eram os destinos prediletos. Chegamos a visitar o Parque Nacional de Yellowstone e até o Grand Canyon.

Tudo começava com a preparação do itinerário, algumas semanas antes. Ele não dispunha de internet nem GPS. Cada viagem era planejada à moda antiga: em um mapa impresso.

Papai traçava a rota com uma caneta marcadora, identificava os pontos de acampamento com um círculo e anotava o número de cada rodovia. Depois de tudo pronto, apresentava seu plano à família.

Meu irmão e eu éramos crianças, ambos ainda na casa de um dígito de idade e sem nenhuma experiência de estrada. Papai se sentava conosco à mesa, abria o mapa e começava a apresentar o roteiro.

— Meninos, semana que vem partimos para o Grand Canyon.

— Uau!

— E vejam só o que faremos — e começava a falar sobre pescar truta, preparar o acampamento, comer marshmallow tostado no espeto e descer as corredeiras de bote.

Nossos olhos brilhavam em antecipação. Nem poderia ser diferente, pois papai sempre cumpria o que prometia. Sempre.

Depois de apresentar o roteiro, também acrescentava detalhes sobre o que encontraríamos ao longo do caminho.

— Vamos pegar bastante vento quando passarmos pelo Novo México... Quando chegarmos às montanhas, nossos ouvidos vão estalar... Saberemos que o local de acampamento está próximo quando enxergarmos neve no alto das montanhas.

E não é que suas previsões estavam certas? Pegamos vento, os ouvidos estalaram e os picos nevados foram a última coisa que vimos antes de chegar ao nosso destino.

Ele nos contava seu plano e o que encontraríamos pelo caminho. Exatamente como todo bom pai faz com seus filhos.

Nosso Pai celestial fez a mesma coisa.

Você quer saber o que Deus tem para a humanidade? Comece pelo jardim do Éden. É no começo que encontramos nossa parada final. Conforme escreverei no último capítulo, Deus revelou nosso destino durante a Criação. Mas não pare aí. Em seguida, leia a respeito das alianças de Deus.

Aliança é um tipo de contrato, um pacto ou um acordo entre duas partes com o objetivo de formalizar um vínculo de relacionamento com as respectivas consequências tanto em caso de cumprimento como de eventual descumprimento. Uma aliança pode ser mútua ou unilateral.

Nosso Deus é um Deus que faz alianças e as cumpre. Ele não mente. Ele *não pode* mentir. "Os teus testemunhos permanecem firmes e fiéis" (Salmos 93:5, NVT). Ele não pode quebrar uma promessa tanto quanto você e eu não podemos atravessar o oceano Pacífico a nado.

> Deus não é como os homens, que mentem;
> não é um ser humano, que muda de ideia.
> Quando foi que Deus prometeu e não cumpriu?
> Ele diz que faz e faz mesmo.
>
> (Números 23:19, NTLH)

Deus não é como os seres humanos. Nós mudamos de pensamento e de opinião. Fazemos promessas apenas para quebrá-las mais tarde, por causa de circunstâncias não previstas. Deus, jamais. Ele enxerga o fim da história. Seus decretos não são desejos para o futuro. São palavras que descrevem como as coisas acontecerão.

Ele declarou:

> "Desde o início, faço conhecido o fim;
> desde tempos remotos, o que ainda virá.
> Eu digo: 'O meu propósito permanecerá em pé,
> e farei tudo o que me agrada.'"
>
> (Isaías 46:10)

As alianças de Deus funcionam como o botão de piloto automático em um avião. Alguns anos atrás, decidi tirar uma licença de piloto. Minha esposa, Denalyn, quase teve um infarto. Afinal, costumo me perder dirigindo automóvel ou mesmo em caminhadas pelo bairro. Verdade seja dita, eu me perco até mesmo entre o trajeto do quarto para o banheiro. E agora vou me meter a besta pilotando um avião?

Tentei dissipar os medos dela com a descrição de um recurso tecnológico impressionante: o piloto automático. Basta inserir o destino para que o avião siga seu curso, vetor por vetor, até chegar ao destino final.

Entretanto, jamais tive a oportunidade de utilizá-lo. A vida tomou outro rumo e fui obrigado a desistir. Apesar disso, não foi um desperdício total, pois acabei encontrando uma forma muito bacana de ilustrar as alianças de Deus. O Senhor colocou a história em piloto automático. Estamos voando em uma trajetória divina, cuja direção é determinada pelas promessas de Deus. O Senhor cumprirá aquilo que decidiu fazer.

> “ELE ENXERGA O FIM DA HISTÓRIA. SEUS DECRETOS NÃO SÃO DESEJOS PARA O FUTURO. SÃO PALAVRAS QUE DESCREVEM COMO AS COISAS ACONTECERÃO.”

Consequentemente, uma questão fundamental sobre o fim dos tempos é: “O que Deus decidiu fazer?”. Resista à tentação de pular para assuntos mais empolgantes como arrebatamento, tribulação e milênio. O fim dos tempos fará mais sentido se você souber o que Deus prometeu inicialmente. Enxergaremos melhor se estivermos sobre as pedras fundamentais das alianças cativantes de Deus.

Vejamos algumas delas, por exemplo: a aliança com Adão e Eva; a aliança com Abraão e seus herdeiros; a aliança com Davi; e a aliança com Jeremias.[1]

---

[1]Outras alianças incluem a Aliança Noética (Gênesis 9:1-17; cf. 1Pedro 3:18-22; 2Pedro 2:5) e Aliança Mosaica ou Antiga Aliança (Êxodo 19—24; Deuteronômio 11).

A aliança de Deus com Adão e Eva

> Aí ele disse: — Agora vamos fazer os seres humanos, que serão como nós, que se parecerão conosco. Eles terão poder sobre os peixes, sobre as aves, sobre os animais domésticos e selvagens e sobre os animais que se arrastam pelo chão. (Gênesis 1:26, NTLH)

Deus decidiu compartilhar seu domínio. Ele entregou ao primeiro casal a tarefa de supervisionar e exercer autoridade sobre a terra. Nossos primeiros pais receberam autorização para dominar sobre animais de verdade e peixes de verdade, em terras e mares de verdade. Na passagem acima, o termo hebraico traduzido por "poder" significa "ter domínio" ou "dominar".[2]

Adão e Eva cumpriram bem essa função, até o momento em que a abandonaram.

A lealdade deles falhou, mas e a de Deus? Por acaso o Senhor mudou de ideia? Abandonou seus planos? Nenhuma passagem bíblica sugere alteração em sua estratégia divina. As alianças de Deus não foram escritas a lápis em papel, fáceis de apagar, mas em pedra, com o dedo de Deus. "O que eu disse, isso eu farei acontecer; o que planejei, isso farei" (Isaías 46:11).

Assim como o itinerário de meu pai guiou nossa família, também a aliança adâmica nos conduz ao momento em que os filhos perfeitos de Deus reinarão sobre uma terra perfeita. Algum dia declararemos as palavras de Jeremias: "O Senhor fez o que planejou; cumpriu a sua palavra, que há muito tinha decretado" (Lamentações 2:17).

Deus também fez uma promessa a Abraão e seus herdeiros.

A aliança de Deus com Abraão

A respeito dessa aliança, podemos acrescentar duas palavras como subtítulo: *semente* e *território*.

Em primeiro lugar, Deus prometeu abençoar a semente de Abraão (Abrão) e, por meio dela, o mundo inteiro.

---

[2] Michael Vlach, *Premillennialism* (Los Angeles: Theological Studies Press), p. 19.

Então o SENHOR disse a Abrão:
"Saia da sua terra, do meio dos seus parentes e da casa do seu pai,
e vá para a terra que eu lhe mostrarei.
Farei de você um grande povo,
e o abençoarei.
Tornarei famoso o seu nome,
e você será uma bênção.
Abençoarei os que o abençoarem,
e amaldiçoarei os que o amaldiçoarem;
e por meio de você
todos os povos da terra serão abençoados."

(Gênesis 12:1-3)

Por que Deus faria tal aliança com Israel? Ora, Israel não tinha nada para oferecer, conforme bem apontou Moisés em certa ocasião: "O Eterno [Deus] não se sentiu atraído por vocês nem os escolheu porque vocês eram numerosos ou importantes: a verdade é que vocês não tinham quase nada de atraente. Ele os escolheu por puro amor, cumprindo a promessa que havia feito a seus antepassados" (Deuteronômio 7:8, *A Mensagem*).

Deus escolheu Israel pela mesma razão que escolheu você e a mim: graça. Pura e soberana graça. Ele não amou mais Israel do que outros povos daquela época. Simplesmente o escolheu como exemplo de sua graça. Ele queria que as nações o enxergassem por meio de Israel para que também o escolhessem como seu Deus.

"Farei de você um grande povo." Ora, não foi exatamente o que Deus fez? Já se passaram 3.500 anos desde o falecimento de Abraão e ainda continuamos falando de Israel. Hoje não é possível visitar os babilônios, nem os medos ou os persas. Os impérios romano e grego também já desapareceram. Contudo, tenho pelo menos uma dúzia de carimbos de Israel em meu passaporte.

Faraó tentou acabar com os israelitas e fracassou. Hamã tentou exterminá-los e fracassou. Hitler tentou destruí-los e fracassou. Atualmente, nações vizinhas juraram varrer Israel da face da terra, mas elas também fracassarão. Há judeus espalhados pelo mundo inteiro: na Rússia, na Polônia, nos Estados Unidos, na França etc. Deus tem preservado a identidade única dos judeus porque planeja usá-los no final. Deus abençoou a semente de Abraão.

E porventura também não abençoou o mundo por meio da semente de Abraão? É por causa dessa semente que temos os profetas Isaías, Ezequiel e Daniel, o rei Davi e seus salmos, Jerusalém e sua história. Mais do que tudo isso, porém, temos um Salvador, Jesus Cristo, que nos deixou sua Palavra, sua igreja e a grande esperança de seu retorno.

Deus tem cumprido essa promessa a Abraão. Não seria de se esperar que também cumprisse sua promessa a respeito do território?

> Naquele dia o Senhor fez a seguinte aliança com Abrão: "À sua descendência dei esta terra, desde o ribeiro do Egito até o grande rio, o Eufrates: a terra dos queneus, dos quenezeus, dos cadmoneus, dos hititas, dos ferezeus, dos refains, dos amorreus, dos cananeus, dos girgaseus e dos jebuseus." (Gênesis 15:18-21)

Israel é a única nação da história a quem Deus concedeu terras. Essa promessa veio acrescida de fronteiras geográficas bem-definidas: corresponde a todas as terras desde o mar Mediterrâneo, ao oeste, até o rio Eufrates, ao leste; a fronteira norte se estende 160 quilômetros ao norte de Damasco (Ezequiel 48:1) e a fronteira sul até aproximadamente 160 quilômetros ao sul de Jerusalém.[3] Essa região inclui o atual Estado de Israel, bem como porções do Egito, Síria, Líbano e Iraque.[4]

Deus ratificou essa aliança por meio de um sacrifício cerimonial de dois animais. Na antiguidade, duas partes interessadas que desejassem fazer um acordo serravam um animal ao meio e andavam por entre os pedaços. Em uma cena dramática: "Quando o sol se pôs e veio a escuridão, eis que um fogareiro esfumaçante, com uma tocha flamejante, passou por entre os pedaços dos animais. Naquele dia, o Senhor fez a seguinte aliança com Abrão: — À sua descendência dei esta terra" (Gênesis 15:17-18).

---

[3]David Jeremiah, *The Book of Signs*, p. 7.

[4]Mark Hitchcock, *The end: everything you'll want to know about the apocalypse* (Carol Stream: Tyndale Momentum, 2018), p. 85.

Observe bem que Abraão não agiu da mesma forma. Isto é, o patriarca jamais andou por entre aqueles animais esquartejados. Deus fez um acordo unilateral com Abraão e sua descendência. Em outras palavras, essa aliança não estava vinculada a nenhuma ação por parte de Abraão. "Assim como não anulo as leis da natureza, não descartarei meu povo, Israel", confirmou Deus em outra passagem (Jeremias 31:36, NVT).

E, porventura, Deus já cumpriu essa promessa? Não totalmente. A semente foi abençoada, mas o território ainda não foi concedido em sua totalidade. Foi somente na época de Salomão que as fronteiras de Israel chegaram perto daquelas referidas na aliança abraâmica (nem mesmo durante o reinado de Davi isso aconteceu). Naquele período, a fronteira de Israel alcançou o Egito (1Reis 4:21), mas não chegou ao "grande rio" (o Eufrates), conforme mencionado em Gênesis 15:18.

Deus cumprirá sua promessa? Com toda a certeza. Ele tem de fazer isso! Charles Swindoll, em um de seus parágrafos mais contundentes, declara: "Por que a restauração de Israel é tão importante? Porque isso envolve a própria reputação de Deus como cumpridor de suas promessas! [...] A coisa toda é muito simples: se não podemos confiar que Deus cumprirá suas promessas a Israel, como podemos confiar que cumprirá suas promessas a nós? Deus fará o que se propôs a fazer! Jamais duvide disso".[5]

Amém!

Deus também honrará uma promessa que fez ao segundo rei mais famoso de Israel.

A aliança de Deus com Davi

"Quanto a você, a sua casa e o seu reino permanecerão para sempre diante de mim; o seu trono será estabelecido para sempre" (2Samuel 7:16).

Deus declarou que um descendente da casa de Davi se sentaria no trono de Davi e governaria seu reino para sempre. Aproximadamente mil anos depois, o anjo Gabriel citou essa aliança a uma jovem hebreia chamada Maria: "Ele será grande e será chamado Filho do Altíssimo.

---

[5]Charles Swindoll, *Swindoll's living insights New Testament Commentary* (Wheaton: Tyndale House, 2014), p. 123.

O Senhor Deus lhe dará o trono de seu pai, Davi, e ele reinará para sempre sobre o povo de Jacó; o seu reino jamais terá fim" (Lucas 1:32-33).

A promessa era muito clara:

- Um rei futuro (Jesus) será chamado "Filho do Altíssimo".
- Seu trono passará por Salomão e pelos descendentes de Davi.
- Esse Rei entronizado governará a nação de Israel.

Para que isso aconteça, é necessário que Israel seja uma nação (e ela é), que esse descendente de Davi esteja vivo (e ele está), que Jesus Cristo retorne ao mundo (e ele virá) e que seja capaz de, literal e corporalmente, sentar-se no trono de Davi e reinar sobre Israel.

O plano de Deus para o fim dos tempos inclui o cumprimento dessa promessa a Davi. Em algum momento futuro, Jesus, o "Filho do Altíssimo", governará sobre Israel a partir do trono de Davi, em Jerusalém.

A aliança de Deus com Jeremias

"Estão chegando os dias", declara o Senhor,
"em que farei uma nova aliança
com a comunidade de Israel
e com a comunidade de Judá". [...]

"Porei a minha lei no íntimo deles
e a escreverei no seu coração.
Serei o Deus deles,
e eles serão o meu povo.
Ninguém mais ensinará ao seu próximo
nem dirá ao seu irmão: 'Conheça o Senhor',
porque todos eles me conhecerão,
desde o menor até o maior", declara o Senhor.
"Porque eu lhes perdoarei a maldade
e nunca mais me lembrarei dos seus pecados."

(Jeremias 31:31,33-34)

Algum cristão pode ler essas palavras e concluir que Deus já cumpriu tal promessa. Afinal, ele pôs suas leis em nosso íntimo e escreveu seu nome em nosso coração. Ele é nosso Deus e nós somos seu povo. Deus perdoou nossas maldades e jamais se lembrará de nossos pecados. Aleluia! A promessa foi cumprida!

Será mesmo? Preste atenção: quais são as partes envolvidas nesse acordo? Uma delas é Deus, que fez uma aliança unilateral e incondicional com Israel, e não com a igreja. "'Estão chegando os dias', declara o Senhor, 'em que farei uma nova aliança *com a comunidade de Israel e com a comunidade de Judá*'" (Jeremias 31:31, ênfase do autor).

Em uma profecia análoga, Deus afirmou:

> Pois eu os tirarei [Israel] dentre as nações [...]
> e os trarei de volta para a sua própria terra. [...]
>
> Eu lhes darei um coração novo e porei um espírito novo no interior de vocês [...]
>
> Porei o meu Espírito no interior de vocês e os levarei a agir segundo os meus decretos e a obedecer fielmente às minhas ordenanças. Vocês habitarão na terra que dei aos seus antepassados. Vocês serão o meu povo, e eu serei o seu Deus. (Ezequiel 36:24,26-28).

Que aliança mais impressionante, surpreendente e magnífica! Ela contempla o retorno dos judeus e um grande reavivamento em seu meio. Eles repovoarão sua terra e restabelecerão sua obediência ao Deus de Abraão.

Lembre-se de que esse reagrupamento já está a todo vapor. Desde 1948, mais de três milhões de judeus já fizeram Aliá, isto é, mudaram-se para o território histórico do povo de Israel.[6] Projeções indicam que Israel pode alcançar uma população de vinte milhões até 2065.[7]

Mas o que dizer do reavivamento espiritual? Está a caminho. Nos capítulos seguintes, trataremos dos 144 mil judeus evangelistas que sairão pelo mundo, resultando em "uma grande multidão que ninguém podia contar, de todas as nações, tribos, povos e línguas, em pé, diante

---

[6] Consulte Wikipedia: "Aliá".

[7] Lidar Gravé-Lazi (Gravé-Lazi), "Israel's Population to Reach 20 Million By 2065", *Jerusalem Post*, updated May 22, 2017. Disponível em: https://www.jpost.com /israel-news/report-israels-population-to-reach-20-million-by-2065-492429.

do trono e do Cordeiro, com vestes brancas e folhas de palmeira nas mãos. Eles clamavam em alta voz: 'A salvação pertence ao nosso Deus, que está assentado no trono, e ao Cordeiro'" (Apocalipse 7:9-10).

> "NÃO SE PREOCUPE, DEUS ESTÁ TRABALHANDO. OS PLANOS DELE PROSSEGUEM A UMA VELOCIDADE ADEQUADA, NOS LUGARES APROPRIADOS E EM CONFORMIDADE COM A SUA VONTADE."

Nossa imagem do fim dos tempos estaria incompleta sem essa migração de judeus para sua terra natal e sem o reavivamento dos judeus em direção a seu Messias.

Recordando, as alianças de Deus trazem uma promessa para:

- Adão e Eva (poder e domínio)
- Abraão (semente e terra)
- Davi (um trono e um Rei eternos)
- Jeremias (retorno e reavivamento dos judeus)

Não se preocupe, Deus está trabalhando. Seus planos prosseguem a uma velocidade adequada, nos lugares apropriados e em conformidade com a sua vontade. Ele fará tudo que prometeu. Enquanto isso, agarre-se a essas grandiosas promessas. Elas formam os princípios norteadores de toda a história.

Quando minhas filhas eram pequenas, segui o exemplo de meu pai e levei-as para muitas viagens de carro. Como a maioria dos pais, Denalyn e eu gostávamos de pegar a estrada antes do nascer do sol para escapar do trânsito.

Na véspera de nossa partida, eu conversava com minhas filhas para explicar o procedimento.

— Agora, vocês vão dormir na cama de vocês, mas amanhã cedo, enquanto estiverem dormindo, carregarei vocês para o carro, cobrirei com um cobertor e afivelarei o cinto de segurança. Quando vocês acordarem, já estaremos na estrada.

Eu lhes dizia com antecedência o que iria acontecer. Consequentemente, quando acontecia, elas não se assustavam. Não acordavam, viam o ambiente ao redor e gritavam: "Fomos sequestradas!". Elas ficavam tranquilas e observavam a estrada passar. Seu pai lhes dissera antecipadamente o que esperar.

Nosso Pai fez a mesma coisa. Portanto, não precisamos ter medo nenhum à medida que suas promessas forem se cumprindo. Podemos seguir tranquilos, cientes de que nosso Pai tem controle total da situação.

CAPÍTULO 4

O PLANO DE DEUS PARA A HISTÓRIA

Gostaria de apertar a mão do sujeito que colocou uma tela atrás de cada poltrona do avião, com um aviãozinho mostrando a posição geográfica. Imagino que você sabe do que estou falando. Alguma vez você acordou em uma viagem de avião, olhou para fora e pensou: "Onde estamos?", "Quanto tempo resta para chegarmos?", "Quantas horas já se passaram desde que decolamos?".

Durante boa parte da minha vida, essas eram informações que eu gostaria de saber. Muitas vezes pensei em perguntar aos tripulantes, mas me pareciam ocupados. Outras vezes, olhava pela janela em busca de algum ponto de referência, mas era noite ou estava nublado ou voávamos tão alto que não era possível distinguir coisa alguma. Também pensava em perguntar ao piloto, mas passageiros que batem à porta da cabine acabam arranjando confusão.

Eis que um belo dia surge aquele aviãozinho. Em uma tela em frente ao assento, vemos uma linha pontilhada que começa no aeroporto de origem e termina na cidade de destino. E bem ali, em algum ponto ao longo daquela linha, uma réplica minúscula do avião em que viajamos.

"Opa, estamos quase chegando", "Ainda falta um bom pedaço", "Que legal, estamos sobrevoando os Alpes", esses são alguns pensamentos que vêm à mente.

Certa vez, depois de olhar muito atentamente, observei uma janela naquele aviãozinho e, atrás dela, vi a mim mesmo! E mais, vi uma mancha em minha camisa!

Sou muito grato por aquele aviãozinho dentro do avião.

Você sabia que Deus providenciou algo semelhante para nós? Mais especificamente, ele nos forneceu uma linha do tempo. A história não é uma sucessão interminável de círculos sem sentido, mas um movimento ordenado e orquestrado rumo ao objetivo eterno de Deus.

“A história não é uma sucessão interminável de círculos sem sentido, mas um movimento ordenado e orquestrado rumo ao objetivo eterno de Deus.”

Uma das primeiras referências a essa linha temporal é encontrada em Daniel 9, bem no meio de uma conversa surpreendente entre o profeta de Deus e o anjo Gabriel, em um encontro geralmente referido como “a espinha dorsal da profecia bíblica”. Essa profecia, embora impressionante, pode parecer complicada. Necessário, portanto, uma análise cuidadosa. Mas, quanto maior o esforço, maior a colheita. Se você estiver pronto para suar um pouquinho, arregace as mangas e venha comigo.

Na época em que Daniel recebeu a visão acima, seu tempo de exílio na Babilônia já se aproximava de setenta anos. Daniel era um jovem hebreu quando foi levado de Jerusalém, em 605 a.C. Já próximo ao final de sua vida, pediu a Deus que perdoasse o povo judeu e o fizesse retornar à terra natal. “Enquanto eu estava falando e orando, confessando o meu pecado e o pecado de Israel, meu povo, e fazendo o meu pedido ao Senhor, ao meu Deus, em favor do seu santo monte [...] Gabriel [...] veio voando rapidamente para onde eu estava” (Daniel 9:20-21).

Gabriel, o mesmo anjo que anunciou a vinda de João Batista e de Jesus Cristo, aproximadamente quinhentos anos depois, falou com Daniel na Babilônia e lhe entregou três profecias.

Os judeus serão abençoados

> Daniel, o castigo do seu povo e da sua santa cidade vai durar setenta anos vezes sete, até que termine a revolta, e o pecado acabe. Então o seu povo vai conseguir o perdão dos seus pecados, e a justiça eterna de Deus será feita. A visão e a profecia serão cumpridas, e o santo Templo será inaugurado de novo. (Daniel 9:24, NTLH)

Gabriel transmitiu a Daniel uma informação privilegiada de algo que aconteceria 490 anos mais tarde. A profecia diz respeito ao “povo” e à "santa cidade" dos judeus. Daniel, ele próprio judeu, foi informado sobre o que aconteceria com seu povo e a capital de sua nação. Passados 490 anos, os judeus:

- não mais se rebelariam contra Deus,
- testemunhariam o fim do pecado,
- obteriam perdão para seus pecados,
- veriam Deus trazendo justiça eterna,
- e restaurariam um local sagrado (um templo).

Essas promessas foram cumpridas? Os judeus se afastaram do pecado? O Templo em Jerusalém foi reconsagrado? Não, não e não. Esses acontecimentos ainda estão por vir. O anjo, obviamente, estava descrevendo uma era futura e magnífica.

Quando essa era começará? Ao final de um período de 490 anos *completos*. Entretanto, mal terminamos de calcular 490 anos para tentar achar a data a partir da oração de Daniel e lá vem Gabriel com uma segunda profecia.

O MESSIAS ESTÁ A CAMINHO

> Agora ouça bem! Vão passar quarenta e nove anos mais quatrocentos e trinta e quatro anos a partir do dia em que for assinado o decreto para a reconstrução de Jerusalém até a chegada do Ungido! (Daniel 9:25, BV)

O termo hebraico traduzido por "Ungido" significa *Messias*. Gabriel estava se referindo a Jesus Cristo! Sem dúvida, uma informação monumental. Entretanto, o anjo menciona dois períodos de tempo: 49 anos e 434 anos, totalizando 483 anos.

Você deve estar se perguntado: "Espera aí! Gabriel mencionou 490 anos. Onde foram parar os outros sete anos?" Boa pergunta. Trataremos disso em breve.

Agora, quando começa a contagem regressiva desses 483 anos? Com a ordem para reconstruir Jerusalém. Mais especificamente: "Jerusalém será reconstruída com ruas e um fosso cheio de água ao redor, mas será construída em tempos de dificuldade" (Daniel 9:25, tradução livre). Em que momento foi decretada essa ordem para reconstruir a cidade "com ruas e um fosso [...] em tempos de dificuldade"? Quão rápido você consegue mover seus dedos para abrir sua Bíblia no livro de Neemias?

Neemias foi um judeu exilado e administrador de alto escalão que viveu cerca de 130 anos depois de Daniel receber essa profecia. Foi Neemias quem solicitou a Artaxerxes autorização para reconstruir Jerusalém. E o rei não apenas concordou, como também financiou o projeto. De acordo com Neemias 2:1, essa autorização foi decretada em abril de 444 a.C.

Agora temos um ponto de partida! Avance seu calendário 483 anos, começando em 444 a.C. Que época da história encontramos?

Esse assunto se tornou uma obsessão para Sir Robert Anderson, que, além de ter sido chefe de polícia da Scotland Yard, no final do século 19, também era advogado e um grande pesquisador do livro de Daniel. Robert se dedicou a encontrar a data correspondente ao final daqueles 483 anos. Não era uma tarefa tão fácil, naturalmente. O calendário hebraico não é igual ao nosso. Ele tem 360 dias em vez de 365 e traz meses bissextos em vez de anos bissextos. Não bastasse isso, há também o problema complicado da transição de a.C. para d.C. Apesar de tudo isso, os cálculos de Robert o levaram a uma descoberta extremamente significativa.[1]

Anderson descobriu que o final daqueles 483 anos coincide com a Páscoa de 33 d.C., mais especificamente o dia 6 de abril, exatamente o dia e o ano em que Jesus entrou em Jerusalém montado em um jumento.[2] Nosso Salvador cumpriu uma profecia entregue 483 anos antes![3]

Não é de admirar que as multidões saíssem às ruas para saudar Jesus com ramos de palmeiras. Elas conheciam a profecia de Daniel![4] Sabiam que era chegado o tempo de cumprimento daquela promessa. O ar estava repleto de expectativas messiânicas.

---

[1]Sir Robert Anderson, *The coming prince* (Grand Rapids: Kregal, 1954), p. 122, 128 (*The Most High God*, Renald Showers); John F. Walvoord, *Daniel: The John Walvoord Prophecy Commentaries*, revisado e editado por Charles Dyer, Phillip Rawley (Chicago: Moody Publishers, 2012), p. 279.

[2]Harold W. Hoehner, *Chronological aspects of the life of Christ* (Grand Rapids: Zondervan, 1977), p. 47-65, 131.

[3]David Jeremiah, *The handwriting on the wall: secrets from the prophecy of Daniel* (Nashville: Thomas Nelson), p. 195.

[4]Veja o material adicional nas páginas 217-8, para mais informações sobre a reação à profecia de Daniel.

A previsão de Gabriel foi tão exata que Jesus disse palavras duras para aqueles que não haviam prestado atenção. "Quando se aproximou e viu a cidade, Jesus chorou por ela e disse: — Ah, se neste dia você compreendesse o que traz a paz! Todavia, isso agora está oculto aos seus olhos. [...] você não reconheceu *o tempo* em que Deus a visitou" (Lucas 19:41-42,44, ênfase acrescentada).

Jesus criticou seus opositores porque o "dia" e o "tempo" haviam sido profetizados, porém eles não prestaram atenção. Jesus havia enviado um anjo para seu amado profeta Daniel a fim de informar, com 483 anos de antecedência, a data de sua chegada. Apesar disso, "os seus não o receberam" (João 1:11), isto é, recusaram-se a aceitá-lo como seu Messias. Em vez de o coroarem como rei, mataram-no como um criminoso.

Gabriel disse a Daniel que isso aconteceria. Conforme vimos, o anjo se referiu a dois períodos de tempo: 49 anos e 434 anos. A construção de Jerusalém demorou 49 anos. E os outros 434 anos?

"Depois desse período de quatrocentos e trinta e quatro anos, o Ungido será morto sem estabelecer o seu reino" (Daniel 9:26, BV). Em conformidade com a profecia de Gabriel, Jesus foi morto, aparentemente sem reino, sem seguidores, nada. Estava morto e sepultado em um túmulo emprestado. Além disso, a cidade de Jerusalém foi atacada pelos romanos mais tarde, acontecimento também pressagiado por Gabriel da seguinte maneira: "O povo do líder que há de vir destruirá a cidade e o lugar santo. O fim da cidade virá como uma inundação, e a guerra prosseguirá até o final. Deus ordenou que aquele lugar seja completamente destruído" (Daniel 9:26, tradução livre).

Essa profecia tenebrosa foi cumprida no dia 6 de agosto de 70 d.C., quando Tito, imperador romano, destruiu Jerusalém, matou milhões de judeus e demoliu o Templo, pedra por pedra.[5]

É ou não é uma passagem impressionante?

Leopold Kahn, um ex-rabino, se tornou cristão depois de estudá-la.[6]

---

[5]Tyler Perry, "The Siege of Jerusalem in 70 CE", World History Encyclopedia, May 2, 2022. Disponível em: https://www.worldhistory.org/article/1993/the-siege-of -jerusalem-in-70-ce/

[6]"Our story", Chosen People Ministries. Disponível em: https://www.chosenpeople.com/our-mission/our-story/; David Jeremiah, *The handwriting on the wall: secrets from the prophecy of Daniel* (Nashville: Thomas Nelson), p. 185.

Sir Isaac Newton comentou que é possível defendermos a verdade da fé cristã com base apenas nessa profecia.[7]

Dr. Bill Creasy, professor benemérito da University of Southern California, referiu-se a essa profecia como "um dos exemplos mais extraordinários de uma profecia bíblica específica e de longo prazo".[8]

Dr. Mark Hitchcock, autor de um livro com mais de quinhentas páginas sobre o fim dos tempos, escreveu: "A exatidão dessa profecia é inacreditável! Para mim, é a maior profecia de todos os tempos, uma prova monumental da inspiração da Bíblia".[9]

Apesar disso, os mais observadores ainda têm uma pergunta. Gabriel previu 490 anos. Contudo, depois de explicar os primeiros 483 anos, parou por aí. O que aconteceu com os sete anos restantes?

Tempos difíceis à frente

> Um líder fará um acordo firme com muitos por sete anos. Ele encerrará as ofertas e os sacrifícios depois de três anos e meio. Um destruidor fará blasfêmias horríveis até que o fim ordenado sobrevenha sobre a cidade destruída. (Daniel 9:27, tradução livre)

Opa, devagar aí. Quem é esse "líder"? O que é esse acordo de sete anos? Como essa pessoa foi capaz de interromper os sacrifícios depois de três anos e meio se o Templo havia sido destruído e, consequentemente, não era mais possível oferecer sacrifícios? O que está havendo aqui?

Eis o que muitos pesquisadores do fim dos tempos, e eu também, pensam: Deus interrompeu a contagem regressiva desses 490 anos quando o ponteiro chegou a 483. Em outras palavras, o Senhor apertou o botão de pausa no momento em que os judeus rejeitaram o Messias. Existe uma lacuna entre os anos 483 e 484, um hiato entre os acontecimentos apresentados em Daniel 9:26 e 9:27.

---

[7]Isaac Newton, *Observations upon the prophecies of Daniel and the Apocalypse of St. John* (Cambridge: J. Darby and T. Browne, 1733), cap. 10, "Of the prophecy of the seventy weeks".

[8]Bill Creasy, *Daniel*, 2 ed. (palestras gravadas) (UCLA: Logos Bible Study, 2014), arquivo de áudio, 4.58.00. Disponível em: https://www.audible.com/pd/Daniel -Audiobook/B005FR6M8C.

[9]Mark Hitchcock, *The end*, p. 68.

Por que razão pensamos assim? Porque os acontecimentos descritos no versículo 27 ainda não se realizaram. A cessação das ofertas e dos sacrifícios exige um templo que atualmente não existe. Trata-se, portanto, de uma profecia futura que alude aos sete anos finais daquele período de 490 anos, em que o Templo será reconstruído[10] e profanado, um acordo será celebrado e surgirá um déspota maligno. Creio que você já deve ter ouvido falar dele.

É o anticristo, o instigador belicoso do fim dos tempos, inimigo de Deus e nêmesis dos judeus. A expressão "líder que há de vir" (Daniel 9:26, tradução livre) se refere a ele. Esse líder será uma marionete de Satanás em sua última, fatal e inútil tentativa de acabar com o reino de Deus. Ele fará um acordo com o Estado de Israel. Sob os termos desse acordo, Israel iniciará a — ou dará continuidade à — construção do Templo.

Inicialmente, os judeus se alegrarão muito com seu novo parceiro. O mundo soltará um grande suspiro de alívio com o restabelecimento da paz no Oriente Médio. Apesar disso, a verdadeira natureza do anticristo será revelada bem no meio desse período. Ele rasgará o acordo e se apossará do Templo, onde colocará uma imagem sua e exigirá adoração universal. Mais do que isso, ele imporá sua vontade sobre o mundo inteiro (Apocalipse 13:1-18).

Jesus Cristo falou sobre esse período: "Assim, quando vocês virem 'o abominável da desolação', do qual falou o profeta Daniel, no Lugar Santo — quem lê entenda —, então os que estiverem na Judeia fujam para os montes" (Mateus 24:15-16).

Geralmente esse período de sete anos de conflitos globais é conhecido pelo nome de "tribulação". Deus usará esse tempo de provação para purificar a nação de Israel e trazer mais pessoas de fé para seu novo reino. Então, declarará seu juízo definitivo contra esse pretenso líder mundial. Cristo retornará para estabelecer seu reino, todos os habitantes da terra o verão (Zacarias 14:3-4; Apocalipse 1:7) e, diante dele, todo joelho se dobrará. O Filho do Homem governará Jerusalém. Nesse momento, os 490 anos serão completados. Em seguida, terá início o milênio, a era de ouro.

[10] Veja o material adicional na página 218, para mais informações sobre a o monte do Templo.

É muita informação de uma vez só?
Faça uma pausa e observe a cronologia abaixo.

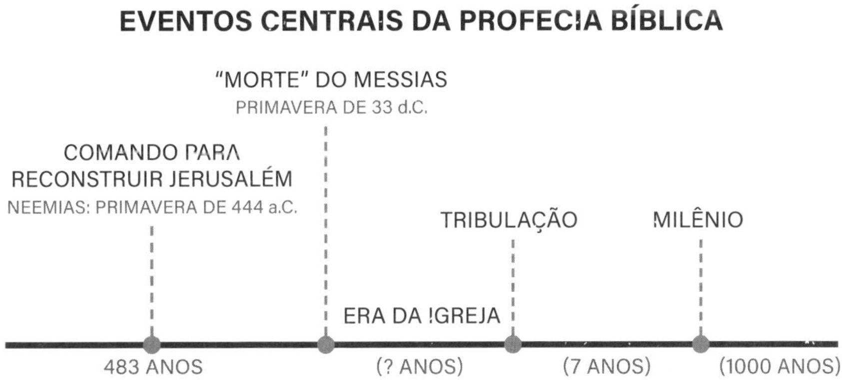

Percebeu em que era nos encontramos? Estamos vivendo na "era da igreja" ou "era da graça", um período intermediário situado entre o Messias e a tribulação.

Talvez você esteja se perguntando: "Por que essa lacuna? Por que Deus inseriu essa etapa para a era da igreja?"

Em verdade, trata-se de um *musterion*, palavra grega que Paulo utiliza para descrever esse período parentético. Ou seja, é um mistério, um segredo que Deus tem guardado somente para si. Ele simplesmente decidiu acrescentar uma nova era entre a morte de Cristo e os últimos sete anos da história humana como a conhecemos.

> Ao lerem isso, poderão entender a minha compreensão do mistério de Cristo. Esse mistério não foi dado a conhecer aos filhos dos homens, mas agora foi revelado pelo Espírito aos santos apóstolos e profetas de Deus. Esse mistério significa que, por meio do evangelho, os gentios são coerdeiros com Israel, membros do mesmo corpo e coparticipantes da promessa em Cristo Jesus. (Efésios 3:4-6)

Deus inseriu a igreja na história. A era da igreja é caracterizada por uma nova sociedade formada por judeus e gentios, homens, mulheres, escravos e livres. Você, eu e outros cristãos estamos vivendo nessa era intermediária. Para deixar bem claro, os sete anos finais ainda não chegaram. Em verdade, será um período de grande corrupção, patrocinado pelo maior e mais perverso déspota de toda a história.

A profecia de Daniel 9 é extremamente importante, uma vez que nos apresenta as etapas que Deus determinou para a história. Ela traz: uma profecia exata acerca do Messias; uma das primeiras referências ao Anticristo; e os sete anos finais do calendário profético de Deus. Antes de avançarmos, porém, façamos uma pausa para recuperar o fôlego e observar três pontos importantes.

As profecias da Bíblia são dignas de confiança

Certa vez, li a respeito de um vidente que encerrou suas atividades e colocou a seguinte placa na porta: "Fechado por circunstâncias inesperadas". Não existem circunstâncias inesperadas para Deus.

Ele disse a Daniel que o Messias viria depois de 483 anos. E ele veio.

Disse que o Ungido seria morto. E ele foi.

Disse que a cidade de Jerusalém seria destruída. Dito e feito.

Essas e dezenas de outras profecias nos estimulam a crer nas promessas de Deus. O mesmo texto que prediz acontecimentos com uma exatidão espantosa também descreve o amor e o carinho de Deus para conosco. A Palavra de Deus é digna de nossa confiança.

“O MESMO TEXTO QUE PREDIZ ACONTECIMENTOS COM UMA EXATIDÃO ESPANTOSA TAMBÉM DESCREVE O AMOR E O CARINHO DE DEUS PARA CONOSCO. A PALAVRA DE DEUS É DIGNA DE NOSSA CONFIANÇA.”

Esteja preparado

Dias difíceis virão. O Anticristo, a tribulação e o sacrilégio terrível são alguns dos maus agouros que vêm por aí. Entretanto, aqueles que estão em Cristo não terão de passar por isso, pois Deus virá buscar sua igreja antes desse período tenebroso por meio de um acontecimento chamado arrebatamento. Jesus, com o poder de um rei e a bondade de um salvador, resgatará seus filhos antes desses sete anos de perversidade. (Examinaremos esse acontecimento emocionante com mais detalhes no capítulo 7.) Você se comportará como uma daquelas pessoas que não prestaram atenção à primeira vinda de Jesus e se recusaram a aceitá-lo como Messias? Ou estará preparado para o resgate?

A vitória final está garantida

Anos atrás, uma disputa pela final de um campeonato de basquete chamou minha atenção. Um dos times, o San Antonio Spurs, já era o vencedor do campeonato. Consequentemente, o resultado daquele jogo não faria diferença nenhuma para eles. Perder ou ganhar era indiferente. Uma vez que a primeira colocação já estava garantida, não havia como perder o título, mesmo que perdesse a partida.

O jogo atraiu pouca ou nenhuma atenção da mídia esportiva, mas me deixou muito intrigado. Para mim, foi uma excelente ilustração para uma mensagem. Nós, cristãos, estamos na mesma situação daquele time. De acordo com a Bíblia, já somos vencedores. De acordo com a profecia, a vitória já está garantida. De acordo com a mensagem da graça e a morte de Cristo na cruz, ninguém pode nos tirar das mãos do Pai.

Apesar disso, ainda temos algumas partidas pela frente antes do jogo final. Como devemos nos comportar nesse ínterim?

> “EM SUA RETA FINAL, VISTA A CAMISA DO REINO, FAÇA O SEU MELHOR E VIVA FELIZ. AFINAL, A VITÓRIA JÁ ESTÁ GARANTIDA.”

Os Spurs são um bom exemplo. Nunca havia visto um time se divertir tanto como eles naquela noite. Estavam tranquilos, confiantes e felizes. E, justamente por isso, ganharam o jogo. Essa é nossa estratégia. Preste atenção àquele aviãozinho na tela do avião. Em sua reta final, vista a camisa do reino, faça o seu melhor e viva feliz. Afinal, a vitória já está garantida.

CAPÍTULO 5

E ESSE TAL DE MILÊNIO?

Cantamos sobre isso todo Natal. Talvez você não tenha prestado atenção, mas cantamos, sim. Os duros de coração cantam. Os cínicos do mundo cantam. Os bêbados cantam. Todos nós cantamos sobre isso. O milênio.

Você sabia que a intenção de Isaac Watts, em sua canção "Cantai que o Salvador chegou", não era escrever um hino de Natal?[1] Em verdade, Isaac estava meditando a respeito do Salmo 98, um texto que comemora a chegada dos mil anos de reinado terreno de Jesus. Será uma era de ouro em que Cristo governará o mundo *com amor*, as nações provarão como *é justo e bom o Salvador* e suas bênçãos se derramarão em *régia profusão*.

Isaac Watts era um dos muitos pesquisadores bíblicos que aguardavam com expectativa a chegada de uma era de paz e prosperidade sem precedentes, uma era em que Jesus reinará em um trono de verdade, em uma Jerusalém terrena, e em que o mundo, por determinado período, terá paz.

Entretanto, nem todos esses pesquisadores concordavam com Isaac. Existem muitos homens e mulheres seguidores de Jesus e tementes a Deus que interpretam essas referências bíblicas a um reinado milenar como um símbolo, uma metáfora. É uma discussão acalorada.

Apesar disso, os cristãos geralmente concordam em três aspectos essenciais:

1. O retorno visível de Jesus Cristo
2. A ressurreição corpórea
3. O julgamento final de todos os seres humanos

[1]David Jeremiah, *The book of signs*, p. 364.

Essas verdades fundamentais formam os alicerces da esperança cristã a respeito do fim dos tempos. Elas constituem os pontos em comum por meio dos quais podemos servir uns aos outros, desfrutar nossa comunhão e adorar Jesus. Embora haja uma discussão enérgica a respeito de detalhes sobre quais acontecimentos virão a seguir, não podemos deixar que diferenças de interpretação ameacem nossa relação fraternal. Podemos ter um posicionamento resoluto, mas sem jamais causar divisão.

“
CRISTO RETORNARÁ. OS MORTOS VOLTARÃO A VIVER. E TUDO SERÁ RESTAURADO.
”

Cristo retornará. Os mortos voltarão a viver. E tudo será restaurado. Amém!

Muitos cristãos não sentem necessidade de se aprofundar em outras questões além dessas. (Pra falar a verdade, a simples menção ao fim dos tempos faz com que alguns sumam em um piscar de olhos.) Em contrapartida, outros são mais curiosos. Querem saber o que vem a seguir. E uma questão fundamental para essa investigação é o seguinte: como interpretar a era dourada descrita pelo profeta João?

> Então vi um anjo descer do céu trazendo na mão a chave do abismo e uma grande corrente. Ele prendeu o dragão, a antiga serpente que é o diabo, Satanás, e o acorrentou por mil anos. O anjo o lançou no abismo, o fechou e pôs um lacre na porta, de modo que ele não pudesse mais enganar as nações até que terminassem os mil anos. Depois disso, é necessário que ele seja solto por um pouco de tempo.
>
> Vi tronos, e os que estavam sentados neles haviam recebido autoridade para julgar. Vi também as almas daqueles que haviam sido decapitados por testemunharem a respeito de Jesus e por proclamarem a palavra de Deus. Não tinham adorado a besta nem sua estátua, nem aceitado sua marca na testa ou nas mãos. Eles ressuscitaram e reinaram com Cristo por mil anos.

> Esta é a primeira ressurreição. (O restante dos mortos só voltou à vida depois que terminaram os mil anos.) Felizes e santos são aqueles que participam da primeira ressurreição. A segunda morte não tem poder algum sobre eles, pois serão sacerdotes de Deus e de Cristo e reinarão com ele por mil anos. (Apocalipse 20:1-6, NVT)

João escreveu como se tivesse sido teletransportado para outra dimensão, como se de repente acordasse em um futuro distante. Viu um anjo algemar o demônio e atirá-lo em um abismo. Falou sobre mortos retornando à vida e sobre santos celebrando esse acontecimento.

Estudiosos têm interpretado esse texto bíblico de várias maneiras.

Alguns o consideram uma linguagem figurativa (não literal) e creem que já estamos vivendo o milênio. Creem que o reino de Deus começou com a primeira vinda de Jesus e que será consumado em seu retorno. Essa posição veio a ser chamada de *amilenismo*.

Outros creem que o reino de Deus avançará gradualmente até alcançar uma paz mundial que se encerrará com o retorno de Jesus. Esse período de mil anos é interpretado como mero simbolismo para se referir a um período muito longo de tempo. Essa interpretação é geralmente chamada de *pós-milenismo*, uma vez que situa o retorno de Jesus depois (pós) desses mil anos.

Em contrapartida, há quem interprete Apocalipse 20 como uma descrição literal de um período de mil anos em que Satanás será aprisionado e Cristo será rei. A maioria se refere a essa interpretação como *pré-milenismo*, uma vez que situa o retorno de Jesus antes (pré) do milênio.[2]

E EU COM ISSO?

Faz alguma diferença crer nessa ou naquela interpretação? Em se tratando de salvação, diferença nenhuma. Afinal, somos salvos por meio da fé em Jesus, e não por essa ou aquela interpretação do milênio.

Nossa posição nesse assunto, entretanto, molda nossa visão acerca dos eventos do fim dos tempos. Você acredita que o milênio é simbólico,

[2] A respeito dessas diferenças de opinião, veja George Eldon Ladd, *The meaning of the millennium: four views* (Downers Grove: InterVarsity, 1978).

uma figura de linguagem? Nesse caso, sua linha do tempo é simples: Cristo retornará para julgar, os salvos serão salvos, as almas perdidas serão condenadas e a eternidade terá início.

Você crê em uma interpretação mais literal de Apocalipse 20? Nesse caso, você deve estar de olho em alguns acontecimentos dramáticos como: o arrebatamento da igreja até a presença de Jesus; a grande tribulação sobre a terra; o retorno triunfante de Cristo; a restauração milenar da natureza e da humanidade.

> “SOMOS SALVOS POR MEIO DA FÉ EM JESUS, E NÃO POR ESSA OU AQUELA INTERPRETAÇÃO DO MILÊNIO.”

Observemos uma metáfora. Imagine uma casa construída há mais de um século e que hoje se encontra caindo aos pedaços. Você observa e decide restaurá-la à sua condição original. Em meio a todo aquele entulho, você descobre um forno de pedra. Seria uma parte da arquitetura original? Se sim, você desejará mantê-lo. Caso tenha sido acrescentado posteriormente, seu desejo será removê-lo.

Temos uma decisão semelhante em nosso debate sobre “o que vem a seguir”. Se o milênio é parte do propósito original de Deus, precisamos interpretar os últimos dias com isso em mente. Caso não seja parte do plano original, isto é, caso tenha sido acrescentado posteriormente, podemos desconsiderar. É por essa razão que precisamos tratar da *possibilidade* do milênio nesse momento. Quanto ao *propósito* do milênio, trataremos no capítulo 13.

Portanto, a pergunta é a seguinte: reinaremos por um período de mil anos com Jesus ou não?

Em meu entendimento, sim. Um dia, Jesus governará fisicamente em Jerusalém e a terra será restaurada ao seu esplendor original do jardim do Éden, um planeta perfeito por onde passearemos com nosso corpo perfeito. Essa interpretação está alinhada com o posicionamento pré-milenista.

O que me levou a essa conclusão? Pergunta interessante. Nunca tive aula com um professor ou um pastor pré-milenista. O seminário em que estudei afirmava que o reino milenar corresponde à nossa era atual. Entretanto, quando comecei a estudar a Bíblia por conta própria, meu pensamento mudou. As razões que me levaram a pensar dessa maneira são apresentadas a seguir.

Promessas ainda não cumpridas

A ideia de um reino milenar ara o terreno para que Deus cumpra aquelas alianças que estudamos anteriormente. Abaixo, segue um rápido resumo.

A aliança mais antiga está nas primeiras palavras de Deus a respeito da humanidade: "Sejam férteis e multipliquem-se! Encham e subjuguem a terra" (Gênesis 1:28).

Deus nos instruiu a "subjugar" a criação. E essa criação se refere à "terra" (não ao céu). Adão e Eva foram criados para supervisionar o planeta. Entretanto, veio a serpente e, com ela, a tentação. Com a tentação, veio a desobediência. Com a desobediência, veio a queda. E assim a humanidade perdeu sua posição de governante da terra.

Porventura nosso fracasso impactou o plano de Deus? Será que ele abandonará seu plano? Fará alguma emenda? Não. Ele decretou que Jesus reinará sobre a terra, onde os salvos serão "sacerdotes de Deus e de Cristo, e reinarão com ele durante mil anos" (Apocalipse 20:6). Por um milênio, faremos o que Adão e Eva fizeram apenas por um breve tempo: governaremos o jardim imaculado de Deus.

Trata-se de uma aliança pendente entre Deus e a humanidade. Mas ela será levada a termo.

Também existem alianças pendentes entre Deus e Israel (Gênesis 12:1-3; 15:18). Deus prometeu a Israel um território específico: "Aos seus descendentes dei esta terra" (Gênesis 15:18). Essa terra corresponde aos atuais territórios de Israel e partes do Egito, Síria, Líbano e Iraque (15:18-21). Embora tenham herdado essa terra, os israelitas ainda não a ocuparam completamente. Essa aliança não foi cumprida no passado e não está sendo cumprida no presente. Não é de se esperar que seu cumprimento ainda esteja por vir?

Deus também fez uma aliança específica com Davi, afirmando que um de seus descendentes se sentaria em seu trono e governaria seu reino para sempre (2Samuel 7:12-16). Esse juramento foi aplicado especificamente a Jesus em seu nascimento: "O Senhor Deus lhe dará [a Jesus] o trono de Davi, seu pai" (Lucas 1:32). Sem dúvida, Jesus governa do céu desde então, porém a promessa a Davi exige que Jesus se sente no *trono de Davi* e governe o *reino de Davi*, nação de Israel.

O reino milenar é uma oportunidade para que essas alianças sejam cumpridas.

A essa lista, podemos acrescentar várias profecias que não se encaixam em nossa era atual, nem em nossa existência celestial. Veja um exemplo:

> Nunca mais haverá nela uma criança que viva poucos dias e um idoso que não complete os seus anos de idade; quem morrer aos cem anos ainda será jovem, e quem não chegar aos cem será maldito. (Isaías 65:20)

Isaías previu uma era em que nenhuma criancinha morrerá e o tempo de vida do ser humano alcançará vários séculos. É uma situação muito diferente de nossa era atual, mas também é uma descrição que não coincide com nossa existência celestial, em que a morte não mais nos atingirá. Ao que parece, nossa jornada rumo ao céu inclui uma parada bem mais longa que jamais experimentamos até então, porém muito menor do que a de nosso destino final. O milênio se encaixa nessa descrição.

Outras profecias revelam uma etapa sem precedentes na história humana. Mais notavelmente:

> O lobo viverá com o cordeiro,
> o leopardo se deitará com o bode,
> o bezerro, o leão e o novilho gordo pastarão juntos,
> e uma criança os guiará. (Isaías 11:6)

Consegue imaginar uma coisa dessas? Uma era em que todos os animais e os seres humanos conviverão em paz? Parece o céu. Entretanto, um pouco adiante, lemos o seguinte:

> Naquele dia, o descendente de Jessé
> será uma bandeira de salvação para todo o mundo.
> As nações se reunirão junto a ele,
> e a terra onde ele habita será um lugar glorioso.

Naquele dia, o Senhor estenderá a mão pela segunda vez,
para trazer de volta o remanescente de seu povo,
aqueles que restarem na Assíria e no norte do Egito,
no sul do Egito, na Etiópia e em Elão,
na Babilônia, em Hamate e nas distantes terras costeiras.
(Isaías 11:10-11, NVT)

Esse texto faz alusão à mesma era profética. Contudo, não parece que nossa condição eterna já esteja vigorando nesse período. Algumas pessoas ainda buscam a salvação. "As nações se reunirão" e o Senhor estenderá sua mão. Todavia, a condição da natureza se apresenta totalmente diferente daquela a que estamos acostumados. Não estaria a passagem se referindo ao milênio?[3]

Esse período ara o terreno do tempo e do espaço para que as promessas de Deus sejam cumpridas. Ao mesmo tempo, prevê a...

A prisão de Satanás

De acordo com a visão de João: "[O anjo] prendeu o dragão, a antiga serpente, que é o Diabo, Satanás, e o acorrentou por mil anos. Lançou-o no abismo, fechou-o e pôs um selo sobre ele, para, assim, impedi-lo de enganar as nações, até que se completassem os mil anos. Depois disso, é necessário que ele seja solto por um pouco de tempo" (Apocalipse 20:2-3).

Satanás é um anjo amargurado e maligno que se rebelou contra Deus e hoje anda pela terra semeando caos e deixando rastros de destruição por onde passa. Todas as nossas guerras, preocupações e cansaço espiritual podem ser atribuídos a ele. Que pensamento maravilhoso, portanto, imaginar Satanás preso, acorrentado e longe dos seres humanos!

Contudo, ele está acorrentado hoje? Foi retirado da terra e trancafiado? Por acaso alguém já o "agarrou", "o amarrou", jogou-o no "abismo" e "trancou e selou a porta"? (Apocalipse 20:2-3, NTLH).

Tanto quanto percebo, ele continua "governante deste mundo" (João 12:31; 14:30, NVT), "deus deste mundo" (2Coríntios 4:4, NVT),

[3]Outras passagens que parecem se encaixar melhor na interpretação de um reinado de mil anos incluem Salmos 72:8-14 e Zacarias 14:5-17.

"comandante dos poderes do mundo invisível" (Efésios 2:2, NVT) e "leão que ruge, procurando alguém para devorar" (1Pedro 5:8, NTLH). A prisão de Satanás ainda está para acontecer.

Uma interpretação mais literal de Apocalipse 20 se encaixa na futura destruição de Satanás. Em verdade, uma interpretação mais literal desse texto bíblico é outro argumento em defesa do milênio.

É a leitura mais simples e literal

Escrevi a seguinte frase em minha Bíblia, uma página antes do livro de Apocalipse: "Quando a interpretação mais simples do texto bíblico é a que faz mais sentido, não procure outra interpretação". Não sei quem foi o primeiro a estipular essa regra, mas eu gosto dela. A interpretação mais direta de Apocalipse 20 diz respeito a um período literal de mil anos. João menciona seis vezes esse período, em seis versículos:

1. Satanás foi acorrentado "por mil anos" (v. 2).
2. Satanás não poderia enganar "até que se completassem os mil anos" (v. 3).
3. Os santos "reinaram com Cristo durante mil anos" (v. 4).
4. "O restante dos mortos não voltou a viver até se completarem os mil anos" (v. 5).
5. Os salvos "reinarão com ele [Cristo] durante mil anos" (v. 6).
6. "Quando terminaram os mil anos" (v. 7).

Por que não deveríamos interpretar as palavras de João literalmente? Daniel teria feito o mesmo. Lembre-se de que ele foi um profeta do século 7 a.C. Próximo ao final de sua vida, Daniel fez uma oração que se estende por metade do capítulo 9 de seu livro (e digna de ocupar um lugar na lista das grandes orações da Bíblia). Daniel pediu a Deus que perdoasse o povo judeu e o levasse de volta para Jerusalém.

O que motivou sua oração? Ele estava lendo a profecia de Jeremias, profeta de uma geração anterior: "Toda esta terra se tornará uma ruína, uma desolação, e essas nações estarão sujeitas ao rei da Babilônia durante setenta anos" (Jeremias 25:11).

Uma vez que se trata de um profeta lendo outro profeta, temos aí um ensinamento de como interpretar profecias. Já se haviam passado 65 anos de cativeiro na época em que Daniel leu a previsão de Jeremias. Ciente de que o prazo se aproximava do fim, Daniel orou para que Deus cumprisse sua promessa. Ele não presumiu que aqueles setenta anos fossem um número simbólico. Não interpretou aquele período como uma metáfora para uma quantidade de tempo indefinida. Quando leu "setenta anos", concluiu que se tratava de setenta anos literais.

Por esse motivo, e na ausência de uma razão clara que indique outro caminho, estou inclinado a uma interpretação literal. Se uma profecia menciona setenta anos, para mim são setenta anos. Em Apocalipse, João prometeu que Cristo reinaria por mil anos. Em minha opinião, Daniel teria interpretado esse período em sentido literal.

Os cristãos do primeiro século também parecem ter interpretado dessa maneira. Essa convicção deles é mais uma razão para presumirmos a vinda de um milênio literal.

Os primeiros Pais da igreja

Durante os três primeiros séculos da história da igreja, quase todos os seus líderes eram pré-milenistas.[4] Entre eles, o mais importante foi Pápias (60-130 d.C.), bispo de Hierápolis, discípulo de ninguém menos que o apóstolo João.[5] Ora, se um discípulo do autor de Apocalipse interpreta o milênio no capítulo 20 em sentido literal, temos aí um forte argumento para fazer o mesmo.

Entre os primeiros partidários de um reinado literal de Cristo, podemos citar também Ireneu (c. 120-202) e Tertuliano (160-230). Justino Mártir, morto em 165 d.C., escreveu: "Entretanto, eu e outros, todos

---

[4]Mark Hitchcock, *The end*, p. 412. Philip Schaff, *History of the Christian Church* (Grand Rapids: Eerdmans, 1910, reimpr. 1995), vol. 2, p. 614. "A questão mais impressionante na escatologia do período pré-niceno é a predominância do quialismo ou milenarianismo, isto é, a crença em um reinado visível e glorioso de Cristo sobre a terra por mil anos, juntamente com os santos ressurretos, antes da ressurreição geral e do julgamento."

[5]Papias, conforme citado em *Eusebius Ecclesiastical History*, vol. 1 (Cambridge: Harvard University Press, 1926), p. 297. Thomas D. Ice, "A brief history of early premillennialism", May 2009. Disponível em: chrome-extension://efaidnbmnnnibpcajpcglclefindmkaj/https://digitalcommons.liberty.edu/cgi /viewcontent.cgi?article=1021&context=pretrib_arch.

nós cristãos de igual pensamento em todos as questões, temos certeza de que haverá ressurreição dos mortos e mil anos em Jerusalém, a qual será construída, adornada e ampliada, [conforme] declararam os profetas Ezequiel, Isaías e outros."[6]

Os Pais da igreja abraçaram a promessa de um reinado terreno de Jesus sobre o mundo. A história apresenta evidências convincentes.

O mesmo se pode dizer do ensinamento sobre...

As ressurreições em Apocalipse

João previu duas ressurreições:

> Vi tronos, e os que estavam sentados neles haviam recebido autoridade para julgar. Vi também as almas daqueles que haviam sido decapitados por testemunharem a respeito de Jesus e por proclamarem a palavra de Deus. Não tinham adorado a besta nem sua estátua, nem aceitado sua marca na testa ou nas mãos. Eles ressuscitaram e reinaram com Cristo por mil anos.
>
> Esta é a primeira ressurreição. (O restante dos mortos só voltou à vida depois que terminaram os mil anos.) (Apocalipse 20:4-5, NVT)

João está se referindo à tribulação, ou seja, a um período de sete anos de sofrimentos (que discutiremos em breve). Essa tribulação será um período de enorme dificuldade para todos os seres humanos, especialmente para aqueles que resistirem a Satanás. Afinal, somente aquelas pessoas que aceitarem a marca dele sobre a testa ou a mão estarão autorizadas a comprar e vender.[7] Multidões se recusarão a se ajoelhar diante dos capangas do Diabo. Serão todos mortos por sua fé, mas retornarão à vida e reinarão com Cristo por mil anos. Essa é a primeira ressurreição. Com cautela, João acrescenta: "O restante dos mortos só voltou à vida depois que terminaram os mil anos" (v. 5).

---

[6]Justin Martyr, 1885. *The dialogue with Trypho* (Cap. LXXX, par. 239), in: A. Roberts, J. Donaldson (org.), *Ante-Nicene Fathers*, volume I [online]. Disponível em: https://ccel.org/ccel/justin_martyr/dialog_with_trypho/anf01.viii.iv.lxxx.html.

[7]Apocalipse 13:16-18.

Duas ressurreições, portanto: uma para os redimidos e outra para os rebeldes, uma no início do milênio e outra ao final. Ora, se o milênio não existe, por que mencionar duas ressurreições?

Conclusão

Conforme mencionei anteriormente, houve um tempo em que eu não interpretava esse período milenar em sentido literal. Professores e pastores a quem devo minha compreensão sobre salvação, graça e vitória final me influenciaram a considerar todas essas profecias que mencionam mil anos em sentido figurado. Naturalmente, compreendo o ponto de vista deles e eles continuam tendo meu respeito.

Apesar disso, eis os seguintes motivos:

- Promessas não cumpridas,
- A prisão de Satanás,
- É a leitura mais simples e literal,
- A interpretação dos Pais da igreja e
- As duas ressurreições em Apocalipse

Juntos, esses fatores me convenceram de que Cristo reinará sobre a terra com poder.

Pouco antes de Jesus ascender ao céu, seus seguidores lhe perguntaram: "Senhor, é neste tempo que vais restaurar o reino a Israel?" (Atos 1:6).

Muitos estudiosos condenam os apóstolos por essa pergunta, acusando-os de interpretarem equivocadamente o sentido de "reino" (isto é, como se estivessem pensando em um reino literal com sede em Israel sobre o qual Cristo governaria como rei), quando, na verdade, Jesus estava interessado em algo mais simbólico. Nesse caso, poderíamos esperar uma repreensão por parte de Jesus a fim de corrigir o pensamento dos discípulos.

Uma correção amorosa é o que esperamos, mas não é isso que acontece. Jesus simplesmente diz: "Não compete a vocês saber os tempos ou as épocas que o Pai estabeleceu pela sua própria autoridade" (Atos 1:7).

Jesus não retificou nem repreendeu a concepção que seus discípulos tinham do reino. Por quê? Será que os apóstolos estavam certos, isto é, que Jesus de fato estabeleceria um reino terreno? A Bíblia não se esquiva dessa promessa. Verifique o itinerário de sua jornada rumo ao céu e encontrará dez séculos reservados por Deus para cumprir aquilo que prometeu: o retorno do Éden. Coloque seu ouvido sobre as páginas da Bíblia. Você consegue ouvir o cavalgar de um rei se aproximando?

Eu consigo.

Quando falo sobre esse tema, percebo graus variados de interesse. Algumas pessoas se mostram fascinadas pelo assunto, deleitam-se com qualquer informação a respeito do milênio.

Outros, mesmo sem expressar em voz alta, parecem estar pensando: "Que diferença faz? No final vai dar tudo certo". Eles são os "pan-milenistas". Tudo vai ficar bem, e isso é tudo que desejam saber.

"VERIFIQUE O ITINERÁRIO DE SUA JORNADA RUMO AO CEÚ E ENCONTRARÁ DEZ SÉCULOS RESERVADOS POR DEUS PARA CUMPRIR AQUILO QUE PROMETEU: O RETORNO DO ÉDEN. COLOQUE SEU OUVIDO SOBRE AS PÁGINAS DA BÍBLIA. VOCÊ CONSEGUE OUVIR O CAVALGAR DE UM REI SE APROXIMANDO?"

Sem problema. Compreendo perfeitamente.

Quer você aprecie esse assunto, quer não, o que importa é o seguinte: uma era gloriosa aguarda os filhos de Deus; uma era que, aparentemente, inclui um interlúdio de abundância terrena e, sem dúvida alguma, uma eternidade de alegria na presença de Deus. Todos os seus anseios por um mundo melhor se tornarão realidade. Nosso Pai tem um plano e nos leva pela mão.

Quando minhas filhas eram pequenas, tínhamos uma rotina sofisticada para colocá-las na cama. Elas sabiam como estender o máximo possível a hora de dormir. "Faz uma coisa engraçada, papai", e eu fazia: batia o nariz na porta ou tropeçava e caía no chão. Elas davam risada. "Faz careta, papai", e eu fazia expressões bobas como um palhaço. Elas riam novamente, mas não me deixavam ir sem antes uma última demonstração. "Agora faz pose de forçudo, papai".

Eu flexionava os músculos, me erguia como um urso gigante e colocava todos os fantasmas para correr.

Gosto de imaginar que a ideia de um pai forte ajudava minhas filhas a se acalmar e dormir.

Sem dúvida, isso também serve para nós, não?

Temos um Pai poderoso, forte o suficiente para sustentar milhões de galáxias e, ao mesmo tempo, próximo o suficiente para espantar todas as nossas assombrações.

Continue buscando a Deus. Continue entoando "Cantai que o Salvador chegou".

Ao mundo, as novas proclamai
que já raiou a luz.
Ó terra, mar e céus, cantai:
Nasceu o Rei Jesus.
Nasceu o Rei Jesus.
Nasceu, nasceu o Rei Jesus.

PARTE 2

O QUE VEM A SEGUIR E POR QUE É IMPORTANTE

Passei as duas primeiras décadas da minha vida sem pisar em um metrô. Em minha cidade, no oeste do Texas, jamais cogitamos usar o subterrâneo como meio de transporte. Já perfuramos o solo para extrair petróleo, para caçar cobras e encontrar água, mas jamais para deslocamento urbano.

Não é de admirar, portanto, minha consternação quando fiz, pela primeira vez, uma viagem de metrô por baixo da metrópole de São Paulo, Brasil. Quatro colegas universitários e eu decidimos passar o verão nessa cidade com o propósito de auxiliar missionários. Sinceramente, eu não fazia a menor ideia de como poderíamos ajudar. Não falávamos a língua; nenhum de nós tinha experiência de morar no exterior, e jamais havíamos jogado futebol com os pés. Pense em um bando de gringos sem noção. Apesar disso, estávamos ali para ajudar. Certa vez, um dos missionários pediu a dois de nós que atravessássemos a cidade de metrô a fim de cumprir uma tarefa. Não me lembro de mencionar que não fazíamos ideia de como funcionava aquilo.

Bem, lá fomos nós procurar o tal metrô e tentar descobrir como embarcar. À medida que o trem se movia por túneis escuros, percebemos que não sabíamos para onde estávamos indo nem quando ou como descer. Ficamos ali, em pé, agarrados às cintas de couro presas ao teto e fazendo perguntas um ao outro.

— E agora, o que faremos?

— Você sabe em qual estação devemos descer?

— Como se diz "socorro!" em português?

Olhamos ao redor para observar os passageiros. Muitos liam jornal, enquanto outros se entretinham com livros. Alguns cochilavam. Enquanto isso, o trem zunia pelo túnel como um foguete! Como estão tão calmos? O que eles sabem que eu não sei?

Um brasileiro atencioso que falava inglês ouviu nossa conversa e veio nos socorrer.

— Americanos?

Acenamos que sim com a cabeça.

— Perdidos?

Acenamos de novo.

— Precisam de ajuda?

Entregamos a ele o papel com o nome da estação na qual precisávamos desembarcar. Ele apontou para um mapa fixado acima da janela.

— Esse é o mapa da linha que estamos percorrendo.

Em seguida, apontou para um dos pontos fixados no mapa.

— Estamos nos aproximando dessa estação.

Então, apontou para um ponto bem mais adiante no mapa.

— Essa é a estação que vocês procuram. Observem cada parada e tomem nota. Vocês estão quase lá. Quando virem o nome da estação de destino, desçam.

Parecia muito fácil. E era! Descemos na estação certa. Tudo mudou quando percebemos que havia um mapa.

Você sabia que Deus providenciou um mapa para nós? Veja abaixo minha melhor tentativa de apontar a sequência de acontecimentos que estão por vir.

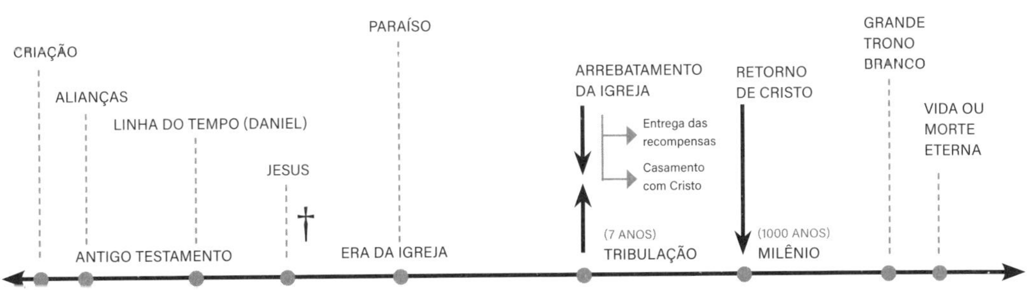

Ninguém pode afirmar com exatidão o que acontecerá no futuro. Só Deus sabe o dia de amanhã. Apesar disso, podemos confiar na seguinte promessa: "Quando, porém, o Espírito da verdade vier [...] anunciará a vocês o que está por vir" (João 16:13). Deus gastou um bocado de tempo e tinta para nos dizer o que podemos esperar do futuro. Refletir sobre o plano divino é uma forma de honrar a Deus e de obtermos descanso para nossa alma.

No livro de Apocalipse, Deus é mencionado oito vezes como "Todo-Poderoso",[1] tradução da palavra grega *pantokrator*, nome composto por dois termos gregos, *panto* (tudo) e *kratein* (ter o controle). Deus controla tudo! O leme da história está sob a direção de Deus, que não apenas governa as épocas, como também controla o calendário. Podemos especular a respeito da sequência dos acontecimentos, mas jamais duvidar da certeza do resultado. Deus tem o mundo em suas mãos.

A maioria atravessa a vida como um gringo perdido em um vagão de metrô, sem nenhuma noção para onde está indo ou de quando desembarcar. Naquele metrô de São Paulo, meu amigo e eu éramos dois ansiosos no meio de um vagão lotado de passageiros tranquilos. Em nossa sociedade, porém, a situação é oposta: a ansiedade impera e a tranquilidade é rara.

Quer saber o segredo dos passageiros que viajam tranquilos?

Eles sabem para onde o metrô da história está indo. Espero que você seja um deles.

[1]Apocalipse 1:8, 4:8, 11:17, 15:3, 16:7, 16:14, 19:15, 21:22.

C A P Í T U L O 6

O POVO DO PARAÍSO

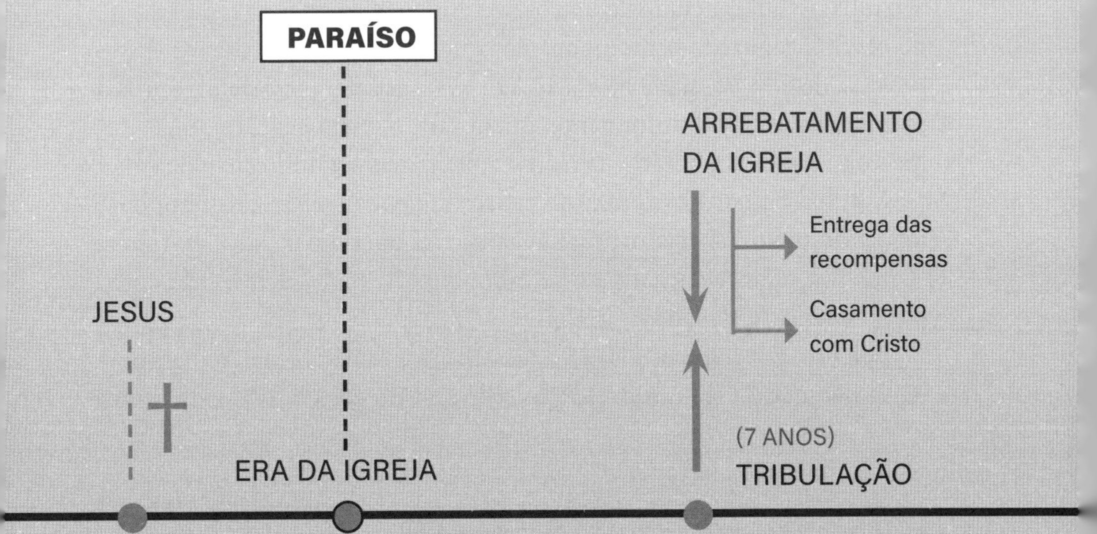

O corpo de Ted Williams, o maior rebatedor na história da liga de beisebol dos Estados Unidos, está em uma instalação próxima ao aeroporto de Scottsdale, Arizona. Ele tem descansado ali desde o dia de seu falecimento, em 2002.

Os responsáveis pela curadoria de seu corpo, uma organização chamada Alcor Life Extension Foundation, não curtem a palavra *morte*. Eles preferem dizer que ele encerrou "seu primeiro ciclo de vida". Embora não confirmem nem neguem a presença de Williams em suas dependências, a filha dele confirmou que ele mora ali, sim. Em seu falecimento (perdão, quando "encerrou seu primeiro ciclo de vida", aos 83 anos de idade), Ted foi depositado em um caixote de gelo e transportado de avião até o Arizona, onde lhe injetaram uma espécie de anticongelante para humanos e, em seguida, ele foi colocado em um compartimento de aço inox no qual, ao lado de outros 58 residentes e sob uma temperatura de -196ºC, aguarda o momento em que tentará imitar Lázaro. Essas pessoas decidiram preservar seus corpos na esperança de algum dia serem reanimadas. Futuramente, quem sabe alguém espetará uma agulha ou apertará um botão e, *voilà*, de volta para o segundo ciclo de vida.[1]

É difícil culpar nosso famoso rebatedor por desejar mais tempo de jogo. Ninguém, especialmente um campeão, quer ouvir "você está fora". A maioria teme a chegada desse momento. Vivem "escravizados pelo medo da morte" (Hebreus 2:15).

Epicuro, falecido em 270 a.C., descreveu a morte como "o mais horrível dos males".[2] Thomas Hobbes, filósofo do século 17, considerava

---

[1] Rick Reilly, "Chillin' with the Splinter", *Sports Illustrated*, 30 de junho de 2003. Disponível em: https://vault.si.com/vault/2003/06/30/chillin-with-the-splinter.

[2] Epicurus, "Letters to Menoeceus", in: *Letters, principal doctrines and Vatican sayings*, tradução de Russel M. Geer (London: Pearson, 1964).

a morte sua "última viagem, o grande salto no escuro".[3] Robert Green Ingersoll, um dos agnósticos mais sinceros dos Estados Unidos, não tinha uma única palavra de esperança para dizer no funeral de seu irmão. "A vida é um vale estreito entre pináculos gelados e solitários de duas eternidades. Em vão nos esforçamos para enxergar o que existe além do topo".[4]

Que palavras tristes e deprimentes! Porventura não podemos almejar algo maior do que um "grande salto no escuro"? Enxergar a morte em um sentido mais positivo do que "o mais horrível dos males"? Nosso bondoso Deus afirma que podemos.

"Como assim, fim da história?", diz o Senhor. "De modo nenhum! A morte é apenas o começo da melhor parte da história toda". No mapa celestial, a morte é o início, a primeira letra da primeira sentença do primeiro parágrafo do primeiro capítulo da grande história que Deus está escrevendo em nossa vida.

Para Deus, nossa era não é uma chamada para o último ato teatral, mas o início da peça em que os atores são convocados para ocupar suas posições; não um ensaio, mas a abertura oficial. Esta vida não é o começo do fim, mas o fim do começo.

Observe esta convicção do apóstolo Paulo: "Irmãos, queremos que vocês saibam a verdade a respeito dos que já morreram, para que não fiquem tristes como ficam aqueles que não têm esperança" (1Tessalonicenses 4:13, NTLH).

"NO MAPA CELESTIAL, A MORTE É O INÍCIO, A PRIMEIRA LETRA DA PRIMEIRA SENTENÇA DO PRIMEIRO PARÁGRAFO DO PRIMEIRO CAPÍTULO DA GRANDE HISTÓRIA QUE DEUS ESTÁ ESCREVENDO EM NOSSA VIDA."

[3]Citado por John Blanchard em: *Whatever happened to Hell?* (Wheaton: Crossway Books, 1995), p. 62.

[4]Robert G. Ingersoll, "A Tribute to Ebon C. Ingersoll", *The works of Robert G. Ingersoll in twelve volumes* (New York: Dresden Publishing Co., 1912), citado por Billy Graham em: *Peace with God, The world's work* (Nashville: Thomas Nelson, 2017), p. 102.

A igreja de Tessalônica havia perdido muitos entes queridos, e Paulo desejava que os membros sobreviventes soubessem que a morte não era motivo para desespero. Você também pode se beneficiar dessa mesma convicção se:

- sepultou um dos pais,
- perdeu o grande amor de sua vida para um câncer,
- derramou lágrimas sobre o rosto gelado de um amigo querido,
- seu bebê entrou no céu antes de entrar no jardim de infância.

Deus transforma nosso luto desesperador em um luto cheio de esperança. Como? Ao nos dizer o que acontece conosco quando morremos. Se um cristão morrer antes do arrebatamento, sua alma subirá imediatamente à presença de Deus e ali desfrutará comunhão consciente com o Pai e com os que já partiram.

Onde encontramos essa esperança? Nas respostas a três perguntas importantíssimas.

Para onde vamos quando morremos?

Para o paraíso, a primeira parada de nossa jornada. Jesus mencionou esse lugar em seu diálogo com os ladrões crucificados. "Lembra-te de mim quando entrares no teu reino" (Lucas 23:42), disse um dos criminosos, e Jesus, em um ato de misericórdia, respondeu: "Em verdade lhe digo que hoje você estará comigo no Paraíso" (v. 43).

Paraíso é o mesmo que céu? Mais ou menos.

Para John Wesley, o paraíso nada mais é que "a varanda do céu".[5] É o primeiro estágio do descanso eterno, um tira-gosto de nosso banquete celestial. O paraíso não é a versão final do céu nem nossa morada definitiva. É simplesmente um ponto de encontro no qual aguardaremos até que Cristo venha buscar seus filhos.

A palavra grega para *paraíso* se refere a um jardim ou a uma praça protegida por muros. O vocábulo tem sua origem na palavra *pairidaeza*,

---

[5]Harald Lindstrom, *Wesley and sanctification* (Willmore: Francis Asbury, 1980), p. 121.

termo persa antigo que se referia a um quintal murado ou um jardim real. Randy Alcorn explica: "O paraíso não era geralmente entendido como mera alegoria [...] mas como um lugar físico real no qual Deus e seu povo viviam juntos, rodeados por beleza física, desfrutando grandes prazeres e felicidade".[6]

Isso significa que, para os leitores da época de Jesus, a promessa do paraíso ao ladrão teria sido interpretada como o jardim do Éden. O termo traz à mente imagens de um local físico, tangível. Adão e Eva não andaram em meio a névoas e poeira estelar. Os pés deles se apoiaram em terra firme, seus pulmões se encheram de ar perfumado, sua pele sentiu o calor do sol e seus lábios saborearam a doçura das frutas. O paraíso era um jardim de verdade, com árvores de verdade.

Por que imaginaríamos o paraíso diferente? Jesus, em sua segunda referência ao paraíso, disse: "Àquele que vencer darei o direito de comer da árvore da vida, que está no Paraíso de Deus" (Apocalipse 2:7).

Observe o tempo verbal da frase: a árvore *está* no paraíso. Será que Jesus está se referindo à árvore original? Não existe nenhuma evidência de que foi destruída. "Depois de expulsá-los, colocou querubins a leste do jardim do Éden e uma espada flamejante que se movia de um lado para o outro, a fim de guardar o caminho até a árvore da vida" (Gênesis 3:24, NVT).

O jardim de Deus é protegido por anjos e tem um lugar especial no plano e no coração de Deus. Será que esse jardim está no centro do paraíso? Nesse caso, nossos entes falecidos têm acesso ao jardim do Éden. Tudo que descreve o jardim também se aplica ao paraíso.

Agora, onde fica esse paraíso? A Bíblia menciona três dimensões celestiais. A primeira é o céu ambiente, a troposfera, que inclui a atmosfera respirável que cobre nosso planeta (Gênesis 7:11-12). A segunda é o céu planetário que engloba todo o nosso magnífico universo.

A terceira dimensão, por sua vez, é o paraíso, que existe fora do nosso universo físico e que Paulo teve o privilégio de visitar:

> Há catorze anos eu fui levado para visitar o céu. Não me perguntem se meu corpo estava lá ou se apenas meu espírito, porque eu mesmo não sei;

[6] Randy Alcorn, *Heaven: a comprehensive guide to everything the Bible says about our eternal home* (Wheaton: Tyndale Momentum, 2004), p. 55-6.

> só Deus é quem pode responder isso. Mas de qualquer maneira, eu estive no Paraíso, e ouvi coisas tão surpreendentes que estão além da capacidade humana para descrevê-las ou expressá-las em palavras (e, de qualquer modo, não me é permitido contá-las a outrem). (2Coríntios 12:2-4, BV).

Que experiência! "Eu estive no Paraíso", escreveu, e "ouvi coisas bem surpreendentes". Foi uma experiência tão avassaladora que Paulo não sabia se estava presente em corpo ou em espírito! E viu coisas tão maravilhosas a ponto de receber ordens para não contar a ninguém.

E pensar que nossos queridos falecidos estão desfrutando essa mesma experiência, um lugar de beleza indescritível!

O paraíso não é o reino dos mortos, mas um jardim de vida superabundante. Não é um vale nebuloso por onde perambulam fantasmas e assombrações, mas uma comunidade viva e alegre repleta de santos. Jesus insistiu que Abraão, Isaque e Jacó não estavam mortos, mas vivos (Mateus 22:32). Paulo se referiu aos moradores desse paraíso como "santos no reino da luz" (Colossenses 1:12).

O paraíso é quase um céu: grandioso, mas temporário. O estado eterno do ceú começará depois do milênio. O Senhor tem uma reforma cósmica para fazer: expurgar o pecado do universo e enchê-lo de pessoas tementes a Deus. Conforme escreveu Pedro: "Esperamos novos céus e nova terra, onde habita a justiça" (2Pedro 3:13).

"O PARAÍSO É QUASE UM CÉU: GRANDIOSO, MAS TEMPORÁRIO."

Quando partiremos para o paraíso?

Imediatamente após a morte. Afinal, foi o que Jesus prometeu ao ladrão crucificado: "Eu lhe garanto: *Hoje* você estará comigo no Paraíso" (Lucas 23:43, ênfase acrescentada). Tenho a impressão de que o ladrão esperava ser lembrado em um futuro distante, quando viesse o reino. Mal sabia ele o que o aguardava. Em um piscar de olhos, passou da tortura para o triunfo. Seu espírito foi levado no mesmo instante para a presença de

Deus. A mesma coisa acontecerá conosco. O espírito do cristão é transportado para o paraíso enquanto o corpo aguarda a ressurreição.

Talvez você já tenha lido a passagem que diz: "Preferíamos deixar este corpo terreno, pois então estaríamos em nosso lar com o Senhor" (2Coríntios 5:8, NVT).

Nosso corpo será ressuscitado quando vier o arrebatamento. Todavia, Paulo não estava se referindo ao arrebatamento nesse versículo. Caso contrário, não teria escrito "deixar este corpo terreno". Paulo está falando de uma etapa após a nossa morte e antes da ressurreição do corpo, período no qual estaremos "em nosso lar com o Senhor".

Em outra passagem, Paulo escreveu: "Porque para mim o viver é Cristo, e o morrer é lucro. Entretanto, se continuo vivendo no corpo, terei fruto do meu trabalho. Então, já não sei o que escolher! Estou pressionado dos dois lados: desejo partir e estar com Cristo, o que é muito melhor" (Filipenses 1:21-23).

A gramática do versículo sugere a partida imediata do espírito após a morte.[7]

Em seu martírio, Estêvão viu "os céus abertos e o Filho do homem em pé, à direita de Deus" (Atos 7:56). Mais adiante, já às portas da morte, orou: "Senhor Jesus, recebe o meu espírito" (v. 59). É muito provável que Jesus tenha feito exatamente isso. Embora o corpo de Estêvão estivesse morto, seu espírito estava vivo. Embora seu corpo estivesse sepultado, seu espírito estava na presença do próprio Jesus.

Outros, porém, pensam diferente e propõem um período transicional de penitência, uma espécie de "tanque de retenção", no qual somos punidos por nossos pecados. Esse purgatório seria um lugar em que, por determinado período, receberíamos o castigo que nossos pecados merecem a fim de nos tornarmos aptos a receber o que Deus tem preparado para nós.

Essa ideia está equivocada por dois motivos. Primeiro, nenhum de nós seria capaz de suportar o castigo que nossos pecados merecem. Segundo, Jesus já fez isso em nosso lugar. O salário do pecado é a morte, não o purgatório (Romanos 6:23). A Bíblia também ensina que Jesus se tornou nosso purgatório e recebeu sobre si nosso castigo: "Depois de ter realizado a purificação dos pecados, ele se assentou à direita da

[7] Anthony Hoekema, *The Bible and the future* (Grand Rapids: Eerdmans, 1979), p. 104.

Majestade nas alturas" (Hebreus 1:3). Nosso purgatório foi cumprido no Calvário, onde Jesus sofreu em nosso favor.

Outros ainda acreditam que, embora o corpo seja sepultado, o espírito permanece dormente. Essa convicção se apoia em sete passagens bíblicas apresentadas em duas epístolas diferentes em que Paulo usa o termo *dormir* para se referir à morte (1Coríntios 11:30; 15:6,18,20; 1Tessalonicenses 4:13-15). Sem dúvida, seria possível deduzir que, entre a morte e o retorno de Cristo, existe um período de dormência. (Se isso for verdade, quem se importaria? Com certeza nos faria muito bem esse descanso.)

Todavia, há um problema aí. Quando a Bíblia menciona aqueles que já morreram, não se refere a eles como se estivessem dormindo. Embora o corpo esteja inerte, o espírito deles está totalmente acordado. Mateus 17:3 registra a presença de Moisés e Elias com Jesus no Monte da Transfiguração. Cristo se referiu a Lázaro e ao rico, após a morte, como duas pessoas vivas e conscientes, uma no paraíso e outra no Hades (Lucas 16:22-31). A Bíblia também menciona "milhares de milhares de anjos em alegre reunião" junto com os "espíritos dos justos aperfeiçoados" (Hebreus 12:22-23). E o que dizer da grande nuvem de testemunhas que nos observa (Hebreus 12:1)? Não seriam estes os heróis da fé junto com nossos entes queridos que já morreram?

Não existem limbo, dormência ou purgatório. Depois de o cristão soltar seu último suspiro terreno, abrirá os olhos imediatamente no céu. O que nos leva à pergunta seguinte.

O QUE FAREMOS NO PARAÍSO?

A primeira coisa que faremos é passar pela cura da alma. Na parábola de Jesus sobre Lázaro e o rico, o primeiro era um mendigo "coberto de chagas" que vivia à porta deste último (Lucas 16:20). Seria possível imaginar cena mais deplorável? Lázaro tinha o corpo coberto de pústulas e ferimentos.

Todos os dias, Lázaro era transportado em uma carroça e colocado em frente aos portões da mansão, onde se esforçava para catar restos de alimentos, uma casca de pão, um pedacinho de carne, atirados na rua pelos servos do magnata.

Lázaro era um morador de rua. Fosse hoje, nós o veríamos dormindo embaixo de um viaduto ou em algum canto qualquer. Quantas vezes deve ter ouvido grosserias e condenações dos transeuntes: "Vai trabalhar, vagabundo!", "Arranje um emprego!", "Que desperdício de vida!".

Tinha o corpo coberto de feridas, mas e os ferimentos de sua alma? A humilhação de viver de restos à porta de um ricaço; a rejeição que diariamente experimentava por perceber quão desprezível ele era perante a sociedade.

Um belo dia, os papéis se invertem. A morte vem para ambos, porém Lázaro é "levado pelos anjos para o seio de Abraão" (Lucas 16:20, ARA). Fulgurantes emissários celestiais transportaram Lázaro até a presença de Abraão, o mais famoso dos heróis hebreus. Não poderia haver contraste mais surpreendente. Um, pai de Israel; o outro, um pobre coitado. E ali, à vista de todo o paraíso, Lázaro foi consolado, honrado, abençoado e curado.

Todos nós temos ferimentos, machucados e lacerações de alma causados pelo mundo cruel em que vivemos. Se nosso eu interior se tornasse visível, pareceríamos prisioneiros de guerra depois de várias sessões de tortura. Quantos andam por aí com uma aparência externa de boa saúde, porém cobertos de feridas e hematomas em seu íntimo por causa de rejeições, críticas ásperas, pais autoritários?

Apesar disso, todas essas feridas serão curadas no paraíso.

E, depois de curados, contemplaremos a glória de Deus.

Conta-se por aí que um sujeito tinha apenas um dia para explorar o Parque Nacional de Yosemite. Ao chegar à portaria, explicou sua situação ao guarda e lhe perguntou o que faria se tivesse apenas um dia para conhecer o parque.

O guarda olhou para ele e disse: "Se eu tivesse um único dia para conhecer Yosemite, sentaria à beira do rio Merced e choraria".[8]

Felizmente, não teremos nenhum limite de tempo para explorar o universo e conhecer nosso Criador.

"Ó profundidade da riqueza da sabedoria e do conhecimento de Deus! Quão insondáveis são os seus juízos, e inescrutáveis os seus

[8]"Let's go: Yosemite in two days", Yosemite.com, https://www.yosemite.com/itineraries/yosemite-in-two-days/

caminhos!" (Romanos 11:33). Não pense que algum dia saberemos tudo sobre Deus. Seus atributos não têm fim. A graça do Senhor continuará a nos surpreender, sua sabedoria continuará a maravilhar e sua perfeição se tornará cada vez mais evidente. Nossa mente e nossa imaginação serão puras e completas. Já não haverá mais lascívia, remorso ou culpa. Nenhum pensamento será inútil. Nossa capacidade de atenção se igualará à nossa capacidade de usá-la!

E, uma vez que somos formados à imagem de nosso Criador, também criaremos. Há quem tenha receio do céu por medo do tédio. Nosso mundo parece mais interessante em razão das atividades que temos ao nosso dispor. É estranho pensar que Deus teria algum trabalho criativo para fazermos no paraíso, não é mesmo? Entretanto, Deus deu um trabalho criativo para Adão realizar no Éden. O Senhor fez passar perante Adão uma multidão de aves e animais como um desfile de escolas de samba no Carnaval. E Adão colocou seu novíssimo cérebro para trabalhar.

Que razão temos para crer que o mesmo não acontecerá conosco? O que você pensa que nossos entes falecidos estão criando no paraíso neste exato momento? Consegue imaginá-los entoando uma nova melodia? Planejando uma passarela? Criando uma nova modalidade de xadrez, uma cor jamais vista, um poema extraordinário?

O paraíso não é um manicômio cheio de gente andando a esmo como espíritos lobotomizados, mas um lugar repleto de santos curiosos, felizes e... que continuam orando. É sério! Você não acredita que os santos no céu oram pelos santos na terra? Eu creio que sim, pela seguinte razão: Jesus continua orando (Romanos 8:34) e nós seremos semelhantes a ele. Cristo está intercedendo por nós neste exato momento. "Quando ele [Cristo] se manifestar, seremos semelhantes a ele, pois o veremos como ele é" (1João 3:2).

Os santos no paraíso formam uma igreja triunfante e militante. Triunfante no sentido de vitória eterna e militante no sentido de intercessão contínua. Eles oram para que Deus faça justiça e proteja seus filhos.

Contudo, como oram sem um corpo? Ora, o paraíso é um local em que os cristãos vivem "ausentes do corpo" enquanto habitam "com o Senhor" (2Coríntios 5:8). Se o corpo está sepultado e o espírito está no paraíso, como esse espírito se comporta como se tivesse um corpo?

Paulo traz uma pista: "Enquanto isso, gememos, desejando ser revestidos da nossa habitação celestial" (2Coríntios 5:2). Paulo pode estar se referindo ao habitáculo celestial ou a um corpo temporário concedido para nossa estada no paraíso. Não é um corpo de carne e osso, uma vez que carne e sangue não herdarão o reino celestial (1Coríntios 15:50). Talvez uma espécie de recipiente etéreo enquanto aguardamos nosso corpo glorificado?

“O PARAÍSO NÃO É UM MANICÔMIO CHEIO DE GENTE ANDANDO A ESMO COMO ESPÍRITOS LOBOTOMIZADOS, MAS UM LUGAR REPLETO DE SANTOS CURIOSOS, FELIZES E... QUE CONTINUAM ORANDO.”

Pense na aparição de Moisés e Elias ao lado de Jesus no Monte da Transfiguração: “Apareceram em glorioso esplendor, e falavam sobre a partida de Jesus, que estava para se cumprir em Jerusalém” (Lucas 9:31). Moisés estava morto há doze séculos, e Elias, há oito. Apesar disso, foram reconhecidos e se comunicaram com Jesus a respeito de coisas que estavam para acontecer.

Os habitantes do paraíso desfrutam uma condição melhor do que a nossa, embora incompleta. Eles aguardam a nova terra e o novo céu, o corpo glorificado que receberão no arrebatamento e, talvez para a surpresa do leitor, a chegada do restante dos santos.

A respeito disso, podemos agradecer ao autor do livro de Hebreus por, no capítulo 11, destacar a vida de Sara, Isaque, Jacó, Moisés e da prostituta Raabe. Caso tivesse mais tempo (palavras dele, não minhas), teria escrito sobre Gideão, Baraque, Sansão, Jefté, Davi, Samuel e os profetas. “Todos estes receberam bom testemunho por meio da fé. No entanto, nenhum deles recebeu o que havia sido prometido” (Hebreus 11:39).

Seria de se esperar que o versículo encerrasse com “e todos receberam o que havia sido prometido”, mas não. O autor nos surpreende, choca até, ao dizer que esses santos aguardam o restante de nós. “Deus tem um plano melhor para nós: que nossa fé se junte à deles, para formar um todo completo, como se a vida de fé que eles tiveram não fosse completa sem a nossa” (Hebreus 11:40, *A Mensagem*).

Essa última frase merece nossa atenção. *Como se a vida deles não estivesse completa sem a nossa.* Esses santos aguardam a nossa chegada!

Se alguma vez você participou de uma comemoração em família, deve saber o que isso significa. Eu, por exemplo, sou o caçula de quatro irmãos. Quando, finalmente, alcancei idade suficiente para desfrutar o Natal, minhas duas irmãs mais velhas já estavam casadas e tinham seus próprios lares. O momento mais importante do Natal não era tanto a visita do Papai Noel, mas a visita de minhas irmãs. Era uma alegria quando eu ouvia o som de um carro estacionando na frente da casa e vozes na porta de entrada. Era a família toda se reunindo mais uma vez!

Se alguém da família não está presente, parece que falta alguma coisa. Por mais esplêndido que seja o paraíso, ele não estará completo até a chegada de todos os filhos de Deus.

A grande festa não começará até que todos tenhamos passado desta para a melhor.

Os primeiros Pais da igreja criam nessa verdade. Cipriano (200-258 d.C.), em uma carta a seu amigo Cornélio, bispo de Roma (e ambos aguardando o martírio), escreve: "Aquele que subir antes do outro, guarde intacto nosso amor mútuo para quando estivermos com o Senhor, e ore sem cessar por nossos irmãos e irmãs".[9]

Charles Wesley exprimiu seu amor por toda a igreja em seu hino "Venha, juntemo-nos aos nossos amigos no céu":

Uma família nele somos,
Uma igreja no céu e na terra,
Embora hoje divididos por um rio,
Um rio estreito de morte:
E mesmo agora pela fé damos as mãos,
junto com aqueles que já se foram,
E os saudamos, em ataduras salpicadas de sangue,
na outra margem eterna.[10]

---

[9]Citado em Henry Barclay Swete, *The The holy catholic church: the communion of the saints* (London: Macmillan, 1915), p. 222; Bloesch, p. 155.

[10]Charles Wesley, author, "Come, let us join our friends above"" (1759), *The United Methodist Hymnal* (Plainfield: The United Methodist Publishing House, 1989), p. 709.

Os santos do céu podem estimular os santos da terra. Não recebemos nenhuma instrução para dirigir orações a eles ou invocar sua presença, mas, sem dúvida, eles oram por nós e invocam o poder de Deus em nossa vida.

No início de seu próximo capítulo, o autor de Hebreus declara: "Portanto, uma vez que estamos rodeados de tão grande multidão de testemunhas, livremo-nos de todo peso que nos torna vagarosos e do pecado que nos atrapalha, e corramos com perseverança a corrida que foi posta diante de nós" (Hebreus 12:1, NVT).

O autor contempla um grande estádio de atletas espirituais cuja arquibancada se encontra repleta de Abraães, Josés e Martas de todas as épocas e nações que, depois de terem competido em suas próprias modalidades, agora testemunham a corrida de seus descendentes espirituais, se não físicos.

Eles estão vivos! Não são fotografias penduradas em paredes ou nomes gravados em um livro. São tementes a Deus em um estádio lotado e torcendo por aqueles que ainda correm na pista.

Para mim, essa imagem é muito encorajadora. Em uma sala ao lado do púlpito de nossa igreja, temos um quadro de Ron DiCianni intitulado *Nuvem de testemunhas*. A pintura mostra um pastor enérgico segurando uma Bíblia aberta e rodeado de seis evangelistas de gerações anteriores. Vemos Elias e seus pergaminhos, e Paulo e sua pena. Eles estão em pé, atrás do jovem pregador, encorajando-o a prosseguir. Sempre que subo ao púlpito, imagino aqueles homens me chamando pelo nome e dizendo: "Vai fundo, Max! Manda ver".

Quem torce por você? Profissionais da área da saúde: porventura enfermeiros de séculos passados não aplaudem seu serviço? Professores e educadores: porventura não se sentem estimulados por tutores e instrutores que os precederam? Fazendeiros, carpinteiros ou soldados: porventura essa nuvem de testemunhas não inclui cooperadores de outras épocas e continentes?

Neste momento, e em qualquer momento, você é observado por milhões de olhares amorosos. "Portanto, uma vez que estamos rodeados [...], corramos com perseverança a corrida que foi posta diante de nós" (Hebreus 12:1, NVT).

Preste atenção, diz a passagem, e ouvirá uma multidão enorme de filhos de Deus torcendo por você. Entre eles, Noé. Também Maria, mãe de Jesus. Sua antiga professora do jardim de infância. Seu tio, que você nunca conheceu. Consegue ouvir cristãos do primeiro século apoiando você? Mártires de igrejas chinesas? Missionários enviados à África no século 18? Alguns têm pai, mãe, irmão, irmã ou até mesmo bebês nessa arquibancada. Todos fazem parte da família de Deus no paraíso.

> “NESTE MOMENTO, E EM QUALQUER MOMENTO, VOCÊ É OBSERVADO POR MILHÕES DE OLHARES AMOROSOS. “PORTANTO, UMA VEZ QUE ESTAMOS RODEADOS [...] CORRAMOS COM PERSEVERANÇA A CORRIDA QUE FOI POSTA DIANTE DE NÓS.” (HEBREUS 12:1, NVT)”

Caso este livro tenha uma vida mais longa do que a minha, esteja ciente, caro leitor, de que torcerei por você no paraíso. Caso você seja um de meus descendentes, quem sabe um neto ou um bisneto, volte seu ouvido para o céu e ouça, pois eu estarei gritando seu nome! Aplaudindo sua fé! Louvando sua vida!

Epicuro errou em sua conclusão. A morte não é o mais temido dos males. Thomas Hobbes também estava errado, pois a morte não é um salto no escuro. Ted Williams foi um grande jogador de beisebol. Porém, nem mesmo toda a sua preparação fúnebre serviu para ajudá-lo a alcançar a primeira base. Preservar o corpo em temperaturas criogênicas não ajudará ninguém a escapar da morte.

Deus, porém, pode derrotar a morte. De fato, ele já o fez. E, por já ter realizado, podemos morrer com fé. Afinal, que malefício a morte pode nos causar? Para o cristão, nenhum. Pergunte a si mesmo qual é a pior coisa que a morte pode causar a você. Em seguida, leia e releia Romanos 8:35,38-39: “Quem nos separará do amor de Cristo? [...] nem a morte, nem a vida, nem os anjos, nem os demônios, nem o presente, nem o futuro, nem poderes, nem altura, nem profundidade, nem ninguém em toda a criação será capaz de nos separar do amor de Deus que está em Cristo Jesus, o nosso Senhor".

Meu amigo Calvin Miller escreveu:

> No passado escarneci de todo pensamento vil de morte,
> Até então nada mais do que o fim da pulsação e da sina sorte,
> Mas meus olhos hoje veem além da dor,
> Existe um mundo que deseja meu amor.
> Santo Criador, permita-me agora partir,
> Pois de morrer ninguém pode se eximir,
> Porquanto falecer é se encontrar com Deus,
> E a sepultura, mero portal.[11]

Linvel Baker teria concordado com esse pensamento. Pregou por quarenta anos em pequenas cidades do Texas. Todos o conheciam e o amavam. Em seus últimos anos, começou a enfrentar problemas de saúde. Alguns episódios cardíacos; um implante de válvula no coração; uma infecção séria de Covid. Aos 65 anos, decidiu se aposentar.

Passou seu último dia de vida em uma fazenda abandonada que havia adquirido recentemente. Ele e seu irmão Lauris aproveitaram como se estivessem de volta à juventude: atirando pedras ao longe, alvejando melancias e conversando sobre a vida. Ao pôr do sol, Lauris voltou para casa, porém Linvel permaneceu sozinho.

Ninguém sabe exatamente o que aconteceu depois, mas, juntando o relatório médico e a avaliação dos policiais, parece o seguinte.

Linvel sofreu um ataque cardíaco. Ele conhecia muito bem os sintomas. Também estava ciente de que os paramédicos não teriam tempo de socorrê-lo. Colocou o celular no chão e, sem dúvida apertando o peito com uma das mãos, cambaleou até o topo de uma elevação em que ele e sua esposa, Shirley, planejavam construir seu lar de repouso. Sentou-se debaixo de um carvalho e tirou as botas. Então, deitou-se no chão com os braços estendidos, o rosto para o céu, e faleceu.

[11]Calvin Miller, *The divine symphony* (Minneapolis: Bethany, 2000), p. 139.

Seu genro, que o encontrou, disse que "o rosto dele estava em completa paz".[12]

Aqueles que o conheciam não se surpreenderam com sua última atitude. A exemplo de Moisés diante da sarça ardente, Linvel compreendeu que logo pisaria em solo sagrado. Consequentemente, removeu suas botas para entrar no paraíso. É assim que morrem os bons.

Você gostaria de seguir o exemplo dele?

[12]Linda Davis, "Where will they find my boots?" *#Because Fiction Magazine* (nov. 2021). Disponível em: https://www.becausefiction.com/november-2021-historical-issue.

CAPÍTULO 7

O REBELDE E O RESGATE

O dia 11 de setembro de 2001 traz muitas lembranças doloridas. Aqueles que assistiram aos ataques guardam uma memória vívida dos acontecimentos: dois aviões colidindo com as torres gêmeas em Nova York; outro avião em chamas em um campo na Pensilvânia; labaredas no Pentágono; pessoas cobertas de cinzas correndo pelas ruas; bombeiros apressados chegando para ajudar.

Todos os voos foram cancelados. A cidade inteira parou. O exército entrou em alerta máximo. O mundo inteiro, ou assim parecia, em estado de caos.

Eu estava em meu escritório naquela terça-feira. Mal sentei-me para trabalhar, minha secretária Karen escancarou a porta.

— Você precisa ver o que está acontecendo! — anunciou.

Corremos para ligar a televisão e, em silêncio, assistimos à primeira torre desmoronando, e logo em seguida vimos a segunda vir ao chão.

Ninguém sabia o que pensar. "Estamos em guerra?", "Outras cidades também serão atacadas?" Não fazíamos a mínima ideia.

Apesar de toda a incerteza, pelo menos de uma coisa eu estava absolutamente convicto. Então comecei a agir.

Liguei para Denalyn e contei a ela meu plano. Ela concordou, pegou o carro e saiu. Eu peguei meu carro e saí. Cada um dirigiu para uma das escolas em que nossas filhas estudavam.

Entrei sem permissão e fui direto para a sala da sexta série. A professora me viu na porta da classe e imediatamente deduziu o motivo da minha presença.

— Sara — disse a professora —, acompanhe seu pai.

Sara pegou suas coisas e saiu.

Nesse ínterim, Denalyn fazia o mesmo com nossas duas filhas mais velhas em outro prédio.

Em questão de minutos, estávamos em casa. Eu queria todos nós juntos. Alguma coisa tenebrosa estava acontecendo e de maneira nenhuma minhas filhas passariam por aquilo sozinhas. Foi por isso que as levamos, as raptamos ou, mais especificamente, as *harpazamos* da escola.

Estou me referindo à palavra grega *harpazo*, utilizada por Paulo para descrever o próximo acontecimento grandioso do calendário divino.

> Conforme a palavra do Senhor, dizemos a vocês que nós, os que estivermos vivos, os que ficarmos até a vinda do Senhor, certamente não precederemos os que dormem. Porque, dada a ordem, com a voz do arcanjo e o ressoar da trombeta de Deus, o próprio Senhor descerá dos céus, e os mortos em Cristo ressuscitarão primeiro. Depois, nós, os que estivermos vivos, seremos arrebatados [*harpazo*] com eles nas nuvens, para o encontro com o Senhor nos ares. Assim, estaremos com o Senhor para sempre. Portanto, consolem-se uns aos outros com estas palavras. (1Tessalonicenses 4:15-18)

O verbo *harpazo* descreve um milagre misteriosíssimo: aquele momento em que todos os cristãos vivos receberão instantaneamente seu corpo ressurreto e subirão para se encontrar com Jesus. O corpo dos cristãos falecidos ressuscitará e se reunirá ao seu espírito. O mortal se revestirá de imortalidade. Ambos os grupos serão "raptados"[1] para se encontrar com Cristo nas nuvens e, com ele, entrar no céu.

Coisa de tirar o fôlego, não? Uma geração inteira de cristãos que jamais passará pelo cemitério. Serão versões contemporâneas de Elias (levado por uma carruagem celestial, 2Reis 2:11) e Enoque (que não morreu, Hebreus 11:5). Nada de último suspiro, nada de passar pela morte. Um momento aqui e, no momento seguinte, lá.

Deus fará por seus filhos o que fiz por minhas filhas. Ele virá buscar sua família. Mas por que fará isso? Qual o propósito do arrebatamento? Como posso ter certeza de que esse evento acontecerá?

A profecia que estudamos no capítulo 4 traz uma parte da resposta. Gabriel, o anjo, disse a Daniel o seguinte:

---

[1]James Strong, *Strong's expanded exhaustive concordance of the Bible* (Nashville: Thomas Nelson, 2009), s.v. "*harpazo*".

> Um líder fará um acordo firme com muitos por sete anos. Ele encerrará as ofertas e os sacrifícios depois de três anos e meio. Um destruidor fará blasfêmias horríveis até que o fim ordenado sobrevenha sobre a cidade destruída. (Daniel 9:27, tradução livre).

Trata-se de uma das referências mais antigas a esse período de grave sofrimento, sete anos em que o mundo inteiro será oprimido por um governante maligno. Gabriel se referiu a esse sujeito como "destruidor". Em sua profecia, Gabriel deixa claro que:

Um baita vilão tá na cola

Estamos falando de um meliante geralmente referido como "o Anticristo", uma vez que o cara é, literalmente, *anti*Cristo, *anti*salvação, *anti*esperança, *anti*perdão e *anti*verdade. O prefixo *anti* também pode ter o sentido de "em vez de". Esse líder maléfico terá como objetivo fazer com que as pessoas o adorem em vez de prestarem culto a Jesus.

Mais de uma centena de passagens bíblicas aludem a esse indivíduo.[2] A Escritura aponta a origem, o caráter, a carreira, as conquistas e o destino desse derradeiro governante mundial. Sem dúvida, Deus deseja que seu povo saiba muito bem quem é esse príncipe das trevas. Gabriel o descreveu da seguinte forma:

> No final do reinado deles, quando a rebelião dos ímpios tiver chegado ao máximo, surgirá um rei de duro semblante, mestre em astúcias. Ele se tornará muito forte, mas não pelo seu próprio poder. Provocará devastações terríveis e será bem-sucedido em tudo o que fizer. Com astúcia, propagará o engano com as próprias mãos e se considerará superior aos outros. Destruirá muitos que se sentiam seguros e se insurgirá contra o Príncipe dos príncipes. Apesar disso, ele será destruído, mas não por mãos humanas. (Daniel 8:23-25)

A passagem parece um sumário da biografia do Anticristo.

---

[2]Mark Hitchcock, *The end*, p. 253.

Ele virá quando "a rebelião dos ímpios tiver chegado ao máximo". Algum acontecimento causará um tsunami de maldades, um período repleto de imoralidades, depravações, barbáries e terrorismos. É nesse momento que o Anticristo se manifestará. Esse período de anarquia é chamado de "tribulação". Será que já estamos vivendo esse período? Ainda não, mas parece que ele está cada vez mais próximo.

O Anticristo será "um rei de duro semblante, mestre em astúcias". Ele demonstrará uma personalidade intimidadora. Será um sujeito sinistro, arrogante, cheio daquela típica presunção de Satanás. Será libertino, charmoso, genial. Talvez alguém de grandes olhos escuros e um queixo forte e desafiante. Um "mestre em astúcias". Ou seja, esperto e perceptivo. Quem sabe até envolvido com ocultismo![3]

Em Apocalipse, João escreve que o Anticristo terá uma boca de leão (Apocalipse 13:2). Em outras palavras, terá uma voz forte e altiva. Ele encantará o mundo com suas palavras arrogantes. Será um orador cativante, hipnótico até, em sua linguagem e perspicácia. De fato, ele declarará ser Deus.

"Ele se tornará muito forte, mas não pelo seu próprio poder." Em outras palavras, seu poder virá de Satanás, que o possuirá da mesma forma que possuiu Judas na última ceia (João 13:27 e Apocalipse 13:2).

Ele surgirá da obscuridade como um grande pacificador. "Um líder fará um acordo firme com muitos por sete anos" (Daniel 9:27, tradução livre). Ele estenderá um ramo de oliveira e negociará um tratado de sete anos de paz com a nação de Israel. Todos o saudarão como um poderoso diplomata. Apesar disso, quebrará o acordo bem no meio de sua vigência, e então o mundo virá abaixo.

"Provocará devastações terríveis e será bem-sucedido em tudo o que fizer." Os capítulos 6 a 19 de Apocalipse descrevem em detalhes o que acontecerá durante a ditadura do Anticristo: fome, morte e perturbações cósmicas. Em sua ponderação, J. Dwight Pentecost escreveu o seguinte: "Não existe nenhuma passagem que alivie, nem mesmo minimamente, a gravidade desse período que sobrevirá ao mundo inteiro".[4]

---

[3]James Strong, *Strong's concordance*, s.v: "*ḥîḏâ*"

[4]Dwight J. Pentecost, *Things to come: a study in biblical eschatology* (Grand Rapids: Zondervan, 1964), p. 235.

"Destruirá os homens poderosos e o povo santo." Todos que abraçarem a fé durante a tribulação serão perseguidos. Também os judeus remanescentes serão alvo da poderosa ira antissemítica do Anticristo.

"Com astúcia, propagará o engano." Em outras palavras, acumulará riquezas por meios desonestos.

"Destruirá muitos que se sentiam seguros e se insurgirá contra o Príncipe dos príncipes. Apesar disso, ele será destruído, mas não por mãos humanas." Enfim, boas notícias: o Anticristo será destruído no final. A má notícia, porém, é que o mundo sofrerá nas mãos dele por um tempo.

Junte os espíritos putrefatos de Stalin, Hitler, Pol Pot, Mao Tsé-Tung e Idi Amin, acrescente aí todos os governantes mais orgulhosos da história, e terá um vislumbre do Anticristo em um dia de bom humor. Não é de admirar que Jesus tenha advertido:

> Quando virem Jerusalém rodeada de exércitos, vocês saberão que a sua devastação está próxima. Então os que estiverem na Judeia fujam para os montes, os que estiverem na cidade saiam, e os que estiverem no campo não entrem na cidade. Pois estes serão os dias da vingança, em cumprimento de tudo o que foi escrito. (Lucas 21:20-22)

A essa altura, você deve estar pensando: "Poxa, Max, muito obrigado por este capítulo reconfortante! Anticristo, perversidades, destruição total. Animou o meu dia. Valeu!".

Deprimente, eu sei. Afinal, estamos falando do período mais brutal da história humana. Mas ainda não terminei. Preciso contar a boa notícia, uma notícia maravilhosa, caro leitor!

Sim, a tribulação virá. E sim, o capanga de Satanás será o pior sujeito que já andou pela face da terra. Contudo, a boa notícia, a notícia extraordinária, é a seguinte: se você está em Cristo, não precisará enfrentá-lo, pois, quando ele vier, você já estará bem longe. Sim, um baita vilão tá na cola, mas antes de ele chegar...

Todos os cristãos serão arrebatados

Jesus nos arrebatará da mesma forma que Denalyn e eu protegemos nossos filhos de um desastre iminente.

> Pois o Senhor mesmo descerá do céu com um brado de comando, com a voz do arcanjo e com o toque da trombeta de Deus. Primeiro, os mortos em Cristo ressuscitarão. Depois, com eles, nós, os que ainda estivermos vivos, seremos arrebatados nas nuvens ao encontro do Senhor, nos ares. Então, estaremos com o Senhor para sempre. Portanto, animem uns aos outros com essas palavras. (1Tessalonicenses 4:16-18, NVT)

Depois de um comando de Jesus, os cristãos serão transportados até a presença de Cristo. Esse resgate pode acontecer a qualquer momento e será efetivado quando for encerrada a "era da igreja", ou, nas palavras de Paulo, "até que o número completo de não judeus venha para Deus" (Romanos 11:25, NTLH; veja também Lucas 21:24). Deus sabe o nome de cada pessoa que será salva. Imagino um anjo segurando o Livro da Vida e assinalando com um tique cada cristão que chega até alcançar o "número completo" do rebanho de Deus. Naquele momento, terá início a maior evacuação da história humana.

O Senhor virá com um "brado de comando", clássica expressão grega para se referir a um general que emite uma ordem ao seu exército, um almirante que se dirige à sua frota, um cocheiro que conduz seus cavalos.[5] Cada um comanda com autoridade. Cristo fará a mesma coisa.

Jesus virá acompanhado de um arcanjo. O texto bíblico identifica apenas um anjo com esse cargo privilegiado: Miguel, sempre mencionado como um grande adversário de Satanás. É ele quem declarará: "Agora veio a salvação, o poder, o reino do nosso Deus, e a autoridade do seu Cristo" (Apocalipse 12:10). Ouviremos a voz dele em nosso arrebatamento.

Também ouviremos uma trombeta.

Na época do império romano, os soldados aprendiam a obedecer a três tipos de trombetas: a primeira para se levantar e sair da barraca, a segunda para entrar em formação, e a terceira para marchar. É essa última que ouviremos.

[5] James Strong, *Strong's concordance*, s.v., "*keleusma*", "A partir de Ésquilo, Heródoto e anteriores, uma ordem, um comando, especificamente um grito de estímulo por meio do qual animais são instigados e compelidos por um humano, por exemplo, o cocheiro instigando seus cavalos, o caçador instigando seus cães de caça etc., ou uma ordem por meio da qual se emite um sinal a um humano, por exemplo, um capitão de navio aos seus remadores, um oficial do exército aos seus soldados (Tucídides, p. 2, 92)". BLB Lexicon Resources: Thayer's Greek Lexicon.

Cristo dará ordens para marcharmos (para fora da sepultura ou para fora do planeta) e estarmos "com o Senhor para sempre".

A ideia de arrebatamento me faz lembrar de um trabalho extra que eu costumava fazer durante o recesso de Natal, na época da faculdade. Eu trabalhava em uma oficina de usinagem e uma das minhas funções era varrer o chão no final do dia. O cesto de lixo ficava lotado de poeira, lascas de madeira e resíduos diversos, incluindo pregos, porcas e parafusos — estes muito úteis para os mecânicos. Para separá-los, bastava passar um ímã por cima do entulho para atrair todos os materiais que compartilhassem da mesma propriedade do imã, deixando o restante do lixo para trás.

O arrebatamento terá efeito semelhante. Jesus surgirá no céu e todos que compartilham de sua natureza (isto é, que têm dentro de si o Espírito Santo e acesso à presença de Cristo) serão atraídos pela presença magnética de Jesus e subirão para encontrá-lo nas nuvens.

Jesus disse: "Eu digo a vocês que, naquela noite, duas pessoas estarão em uma cama: uma será levada, e a outra será deixada. Duas mulheres estarão moendo trigo juntas: uma será levada, e a outra será deixada" (Lucas 17:34-35).

Uma adaptação dessa passagem para nossos dias equivaleria ao seguinte: duas pessoas estarão tomando café na padaria, uma será tomada e a outra deixada; duas estarão assistindo a um filme, uma será tomada e a outra deixada.

Quando nos encontrarmos com Jesus, ele "transformará o nosso corpo humilhado, tornando-o semelhante ao seu corpo glorioso" (Filipenses 3:21). Adeus, câncer; adeus, deformidade. Bem-vindo à cura, à renovação e à restauração.

Em 1684, um presbiteriano escocês chamado Robert Baillie soube que seria enforcado, estripado e esquartejado. Em concordância com Filipenses 3:21, respondeu: "Eles podem cortar e serrar meu corpo como quiserem, mas tenho plena certeza de que nada se perderá. Ao contrário, meus membros serão maravilhosamente reunidos e transformados à semelhança do corpo glorioso de Cristo".[6]

---

[6]Citado em David Jeremiah, *Turning point*, "At any moment (Pt. 2): The great disappearance", 4 de outubro, 2023. Disponível em: https://www.davidjeremiah.org/radio/archives?bid=4330.

No arrebatamento, o corpo dos cristãos será ressuscitado e reconstituído em semelhança ao corpo ressurreto de nosso Senhor. Quando Jesus ressuscitou naquela Páscoa, revestiu-se de um corpo que serviu de protótipo para aquele em que viveremos por toda a eternidade.

O corpo glorificado de Jesus era semelhante àquele antes de sua crucificação. Era capaz de tocar e ser tocado, de comer e beber. Não obstante, também era capaz de atravessar paredes e aparecer em lugares diferentes sem nenhum meio visível de transporte. Mais do que isso, foi capaz de subir ao paraíso.

Nosso corpo fará a mesma coisa.

O pai de Matthew Robison tinha em mente esse milagre quando encomendou uma lápide para seu filho em forma de uma estátua de pedra representando um garoto se levantando de uma cadeira de rodas com os braços estendidos para o céu. Matthew, privado de oxigênio ao nascer, passou a maior parte de seus poucos onze anos de vida cego e paralisado. Entretanto, esse garoto e incontáveis pessoas como ele subirão ao céu em um novo corpo para se encontrar com Jesus.[7]

> "JESUS SURGIRÁ NO CÉU E TODOS QUE COMPARTILHAM DE SUA NATUREZA (ISTO É, QUE TÊM DENTRO DE SI O ESPÍRITO SANTO E ACESSO À PRESENÇA DE CRISTO) SERÃO ATRAÍDOS PELA PRESENÇA MAGNÉTICA DE JESUS E SUBIRÃO PARA ENCONTRÁ-LO NAS NUVENS."

Será um momento milagroso! Todas as orações por cura serão respondidas. O enigma de como interpretar aquela grandiosa promessa de Jesus será finalmente solucionado. "Não importa o que pedirem, eu o farei por você" (João 16:23, paráfrase minha). Jesus quis dizer

[7]Jessica Stewart, "Grieving father creates touching memorial for his disabled son", *My Modern Met*, 19 de maio, 2017. Disponível em: https://mymodernmet.com/matthew-stanford-robison-memorial/.

exatamente isso. Não foi uma promessa impensada. Não precisamos suavizá-la ou minimizá-la. Precisamos apenas aguardar. É apenas uma questão de tempo. Não o meu tempo nem o seu, mas o de Deus.

Essa ressurreição incluirá todos aqueles filhos de Deus que nem mesmo chegaram a nascer. Muitos faleceram de aborto espontâneo. Outros tantos, de aborto intencional. Cristo reivindicará para si todos esses pequeninos. Porventura não são criaturas dele? Jesus não tem poder sobre a vida e a morte? Sim, todos esses ressuscitarão em um corpo glorioso.

Também estão incluídas aquelas crianças que jamais chegaram à idade suficiente para distinguir o certo do errado. Simplesmente não tinham maturidade nenhuma para aceitar ou rejeitar Jesus. Também elas estarão seguras em Jesus. O mesmo se pode dizer daqueles que não têm capacidade mental de compreender o convite da salvação. Estes receberão um cérebro novinho em folha.

A ressurreição dos justos ocorrerá "em um momento, em um abrir e fechar de olhos" (1Coríntios 15:52). O termo traduzido por "momento" se refere ao grego *atomos*, origem da palavra *átomo*. Será tão rápido quanto o movimento de um átomo. Mais especificamente, em um piscar de olhos. Quanto tempo dura uma piscada de olho? É algo rápido demais para se medir. É todo o tempo que Jesus necessita para reunir sua igreja.

Quando ocorrerá o arrebatamento? Alguns estudiosos situam o arrebatamento durante a tribulação. Outros, depois. Todavia, parece-me mais apropriado situá-lo antes da tribulação. Digo isso por várias razões.

Em primeiro lugar, Jesus comparou o arrebatamento aos resgates de Noé e Ló (Mateus 24:37-39; Lucas 17:28-27). Noé não chegou a se molhar. Ló não chegou a se queimar. Consequentemente, acredito que Jesus resgatará sua igreja antes de experimentarmos a perversidade do Anticristo.

Segundo, Paulo nos instruiu a animar uns aos outros (1Tessalonicenses 4:18). Ora, como viver animados em meio à tribulação e sofrendo com o Anticristo? Nesse caso, Paulo teria pedido que advertíssemos uns aos outros, mas não foi o que escreveu. O arrebatamento da igreja é motivo de ânimo e consolo. Sim, um baita vacilão tá na cola, mas a igreja tá vazando. Portanto, anime-se![8]

---

[8] Veja o material adicional na página 218, para mais argumentos a favor de um arrebatamento pré-tribulacional.

O que acontecerá conosco depois do arrebatamento? Você vai amar a resposta. Depois de buscar minhas filhas em virtude do atentado de 11 de setembro, elas ganharam um dia de folga da escola e muito chocolate quente. Jesus prometeu uma festa de casamento, um banquete e a maior cerimônia de premiação da história. Mas isso é assunto para os próximos capítulos.

Estou bem ciente de que a resposta soará estranhíssima. Santos voando pelo céu? Colapso repentino da sociedade? Um tirano à *la Palpatine* saído direto do inferno? "Você está de brincadeira comigo, Lucado. A pessoa tem de estar fora de si para acreditar em uma coisa dessa. É a maior maluquice que já ouvi!"

Sim, compreendo perfeitamente. Parece um conto de fantasia. Todavia, antes de rejeitar tudo isso, lembre-se de que é exatamente assim que nosso Deus opera. Ora, ele não cobriu o mundo com água? Não derrubou os muros de Jericó? Não transformou o mar Vermelho em um tapete vermelho para que os hebreus escapassem da escravidão? Pragas sobrevieram ao Egito nos dias de Moisés. Fogo desceu sobre o monte Carmelo nos dias de Elias.

Nosso Deus é um Deus de intervenções divinas, de surpresas sagradas. Quem teria imaginado Deus encarnado na terra? No entanto, ele encarnou. Quem teria imaginado Deus morto em uma cruz? Todavia, ele morreu. Quem teria imaginado seu túmulo vazio? Não obstante, ele ressuscitou. Deus intervém de maneira poderosa e milagrosa.

Foi o que fez no passado.

É o que fará no futuro.

Enquanto isso, preste atenção às nuvens. Viva de uma maneira que Jesus o encontrará aguardando fielmente por sua vinda. "Portanto, vigiem, porque vocês não sabem em que dia o seu Senhor virá" (Mateus 24:42).

Um turista em visita a uma belíssima mansão na Suíça ficou impressionado com o jardim. Não havia uma única erva daninha em parte alguma. Ao avistar o jardineiro, o turista perguntou-lhe há quanto tempo trabalhava ali.

— Vinte anos — respondeu o jardineiro.

— E o dono da propriedade mora aqui?

— Não. Eu só o vi quatro vezes durante todo esse tempo.

— Ele deve estar muito satisfeito. Afinal, você cuida do jardim como se ele viesse amanhã.

— Não. Eu cuido como se ele viesse hoje.[9]

Façamos como esse jardineiro. Afinal, tanto quanto sabemos, nosso Mestre pode retornar hoje mesmo.

[9]David Jeremiah, *The book of signs*, p. 212.

C A P Í T U L O 8

COROADOS POR CRISTO

Milhões de pessoas assistiram, em 6 de maio de 2023, à coroação do rei Charles e de Camila, sua rainha consorte, na Abadia de Westminster. Foram três dias de grande festividade. Tavernas e bares permaneceram abertos duas horas além do normal. A Inglaterra decretou feriado nacional em comemoração ao episódio. As ruas foram tomadas de festa e música.

Estima-se que a Grã-Bretanha tenha gastado 125 milhões de dólares com o evento.

Charles teve as mãos, o peito e a cabeça ungidos com óleo de crisma fabricado em Jerusalém, feito com azeitonas colhidas no monte das Oliveiras. Durante a unção, o rei vestiu um traje branco e uma "supertúnica", um manto comprido feito de seda dourada.

Também recebeu sobre a cabeça a coroa de santo Eduardo, uma joia de ouro maciço datada de 1661 e adornada com mais de quatrocentas pedras preciosas, entre elas rubis e safiras. Bases militares em todo o Reino Unido fizeram salvas de tiro, e o povo foi convidado a jurar lealdade à Coroa: "Juro que dedicarei lealdade sincera à Vossa Majestade, bem como a seus herdeiros e sucessores. Seja Deus minha testemunha".

Em seguida, houve desfiles, salvas de tiros, três vivas para o rei e uma apresentação aérea com mais de sessenta aviões.[1]

Coisa de cinema.

Entretanto, comparado ao que Deus tem preparado para você, tudo isso não passa de um brinde de boteco.

Uma coroação o aguarda, caro leitor. Não na Abadia de Westminster, mas no paraíso, e não pelo arcebispo da Cantuária, mas por Jesus. Ficou

---

[1]Armani Syed, "Here's the Full Schedule for King Charles III's Coronation—and What to Expect", *Time*, atualizado em 6 de maio, 2023. Disponível em: https://time.com/6274001/king-charles-iii-coronation-schedule/.

surpreso? Relutante? Constrangido por imaginar Jesus coroando você? Guarde esse pensamento enquanto analisamos o contexto.

A essa altura, já teremos sido arrebatados e levados à presença de nosso Salvador, porquanto Jesus terá cumprido o que prometeu: "voltarei e os levarei comigo" (João 14:3).

Milhões, talvez bilhões de pessoas, desaparecerão. Sepulturas ficarão vazias. Todos aqueles que rejeitaram Deus cambalearão em meio à podridão da violência e do pandemônio. A certa altura, surgirá um déspota prometendo restaurar a paz. Ele assinará um acordo com Israel, e esse acontecimento servirá de estopim para o início do período de sete anos de tribulação.

Felizmente, já estaremos bem longe daqui. Seja eternamente grato a "Jesus, que nos livra da ira que há de vir" (1Tessalonicenses 1:10).

Quando o caos se instaurar no mundo terreno, a festa já estará rolando no mundo celestial.

Jesus honrará você

A Bíblia menciona uma cerimônia de premiação que ocorrerá no paraíso logo após o arrebatamento da igreja, um acontecimento referido como "tribunal de Cristo".

> Pois todos compareceremos diante do tribunal de Deus. (Romanos 14:10)

> Por isso, temos o propósito de lhe agradar, quer estejamos no corpo, quer o deixemos. Pois todos nós devemos comparecer diante do tribunal de Cristo, para que cada um receba de acordo com as obras praticadas por meio do corpo, quer boas, quer más. (2Coríntios 5:9-10)

A palavra "tribunal" traduz o termo grego *bēma*. Não se trata de um julgamento para averiguar se somos inocentes ou culpados, salvos ou perdidos. Esse julgamento é feito ao longo de nossa vida terrena. "Quem nele crê [no Filho de Deus] não é condenado, mas quem não crê já está condenado, por não crer no nome do Filho Unigênito de Deus" (João 3:18).

Bēma não diz respeito à salvação, mas à recompensa. A salvação está fundamentada na obra de Jesus em nosso favor. Em contrapartida, nossa recompensa está fundamentada em nosso trabalho para Jesus. As coisas que fazemos não contribuem absolutamente com nada para nossa salvação. É tudo dádiva. Entretanto, nossas obras influenciam a recompensa que receberemos.

O apóstolo Paulo usou uma ideia muito conhecida na época para ilustrar esse ensinamento. Nos jogos gregos da antiguidade, depois de cada competição, os atletas se posicionavam diante do *bēma* (um assento elevado sobre o qual se sentava o juiz ou o imperador) e ali o vencedor era premiado com uma coroa ou um diadema. Aqueles que perdiam não eram castigados nem excluídos. Simplesmente não eram recompensados.

O mesmo sucederá no tribunal de Cristo. Todos os cristãos serão igualmente salvos, mas não igualmente recompensados. Em verdade, alguns cristãos não receberão nenhuma recompensa. Paulo se refere às obras de alguns cristãos como feitas de "madeira, feno ou palha" (1Coríntnios 3:12), materiais que não sobrevivem depois de passarem pelo fogo.

> A sua obra será mostrada, porque o Dia a trará à luz. Ela será revelada pelo fogo, e o fogo provará a qualidade da obra de cada um. Se o que alguém construiu permanecer, este receberá uma recompensa. Se a obra que alguém construiu for consumida, este sofrerá prejuízo; contudo, será salvo como alguém que escapa através do fogo. (1Coríntios 3:13-15)

"A SALVAÇÃO ESTÁ FUNDAMENTADA NA OBRA DE JESUS EM NOSSO FAVOR. EM CONTRAPARTIDA, NOSSA RECOMPENSA ESTÁ FUNDAMENTADA EM NOSSO TRABALHO PARA JESUS. AS COISAS QUE FAZEMOS NÃO CONTRIBUEM ABSOLUTAMENTE NADA PARA NOSSA SALVAÇÃO. É TUDO DÁDIVA. ENTRETANTO, NOSSAS OBRAS INFLUENCIAM A RECOMPENSA QUE RECEBEREMOS."

O que Paulo quis dizer com: "Será salvo como alguém que escapa através do fogo"? Talvez: "Será salvo por um triz"?

Anos atrás, fui chamado para visitar um homem hospitalizado já à beira da morte. Era um sujeito famoso por seu mau caráter e por dar festas que deixariam envergonhados até mesmo atores de filme pornô. Sua mansão vivia cheia de mulheres, bebidas e jogos de azar. Era daí para baixo.

Quando o médico sugeriu que colocasse a vida em ordem, o sujeito me ligou. O homem que encontrei acamado não passava de uma sombra daquele de outrora. A enfermidade havia destruído toda a sua ostentação. A perspectiva da morte fez com que voltasse seus pensamentos para coisas mais sérias. O cara queria se tornar cristão.

Quando terminamos de conversar, ele pediu perdão a Jesus. Quando cheguei em casa, ele já estava na presença de Cristo.

Tenho convicção de que foi salvo pela graça de Deus.

Contudo, é possível que ele seja um daqueles que comparecerão diante do *bēma* de Deus de mãos vazias, sem nenhum troféu de amor para depositar aos pés do mestre.

Deus nos empresta tempo, talento e tesouros. Nossa recompensa está associada ao modo que os usamos. Que todo cristão viva com o propósito de receber sua coroa!

A cultura norte-americana tem pouco ou nada a ver com coroas. Nossos líderes não são coroados, mas empossados. (Embora, em certo sentido, muitos desejariam coroar este ou aquele presidente.)

Contudo, embora não existam cerimônias de coroamento em nossa sociedade, entendemos que não há honraria maior do que ser coroado por um rei ou uma rainha. O diadema é mais do que uma joia adornada: é uma grande homenagem. Receber uma coroa significa que o poder supremo de seu país lhe concedeu um lugar à sua mesa, um quarto em seu castelo e até mesmo um trono ao seu lado. Ser coroado é ser honrado, aplaudido e, mais importante, abençoado.

De fato, a Bíblia usa "coroar" e "abençoar" de modo intercambiável. As epístolas informam que seremos coroados; Jesus diz que seremos abençoados. "Bem-aventurado [abençoado] o servo cujo senhor, quando voltar, o encontrar fazendo [seu trabalho] assim" (Mateus 24:46).

No hebraico, o termo usado para "abençoar" é riquíssimo: significa, literalmente, "dobrar o joelho".[2] O termo era usado para demonstrar reverência e admiração por alguém. Alguns sinônimos incluem "honrar", "apoiar" ou "estimar". É muito mais do que dar um tapinha nas costas ou um elogio do tipo "mandou bem!"; é aquele momento em que somos reconhecidos pela autoridade mais importante em nossa vida. Foi exatamente o que Deus fez com Abraão quando prometeu: "Farei de você um grande povo e o abençoarei. Tornarei famoso o seu nome, e você será uma bênção" (Gênesis 12:2).

Lucas encerra seu Evangelho com estas palavras: "Depois, Jesus os levou até as proximidades de Betânia e, erguendo as mãos, os abençoou. Enquanto os abençoava, deixou-os e foi elevado ao céu" (Lucas 24:50-51).

Ser abençoado é ser reconhecido. Em algumas partes do Brasil, ainda existe o costume de os filhos buscarem a bênção dos pais antes de sair de casa. "Bênção, pai", pedem antes de chegar à porta. O que estão pedindo? O apoio da autoridade mais importante em sua vida: o pai. Não querem sair sem a aprovação dele.

Por acaso alguém faria diferente? Todos nós temos o anseio de agradar ao nosso pai.

É possível que você jamais tenha experimentado a bênção de seu pai. Talvez tenha passado a vida sem nunca saber o que seu pai pensava sobre você. Se é o seu caso, você, mais do que qualquer outro, valorizará imensamente aquele momento grandioso que é receber a bênção de seu Pai celestial.

E já sabemos o que ele dará a você. O tribunal celeste distribuirá inúmeras coroas.

Os escritores do Novo Testamento fazem referência a dois tipos de coroas: uma usada por governantes e outra concedida aos vencedores. Pense nos Jogos Olímpicos da Grécia antiga. No primeiro século, os atletas recebiam uma coroa feita de galhos de videira entrelaçados com talos de salsão murchos. Não é de admirar que Paulo se referiu a esse

---

[2]Francis Brown, S. R. Driver, Charles A. Briggs, *A Hebrew and English Lexicon of the Old Testament* (Oxford: Clarendon Press; reimpr. 1974), p. 139. Citado em: Gary Smalley, *The blessing: giving the gift of unconditional love and acceptance* (Nashville: Thomas Nelson, 1989), p. 26.

arranjo como “coroa que logo perece”. Em contrapartida, no paraíso receberemos uma coroa que dura para sempre (1Coríntios 9:25).

Aos treze anos, participei de um torneio de arremesso de disco na escola e fiquei em sétimo lugar. Como a escola era pequena, não havia mais do que nove ou dez participantes. Os três primeiros receberam medalhas e os primeiros sete colocados entraram para a lista de vencedores. Fiquei muito orgulhoso de ver meu nome na lista. Sétimo lugar! E, mesmo assim, saí de peito estufado, me exibindo como um pavão.

Imagine como nos sentiremos quando o Criador do Universo colocar uma coroa em nossa cabeça.

As Escrituras mencionam cinco coroas. Seria bom experimentarmos cada uma para ver qual se encaixa melhor.

A coroa do autocontrole

“Todos os que competem nos jogos se submetem a um treinamento rigoroso para obter uma coroa que logo perece, mas nós o fazemos para ganhar uma coroa imperecível” (1Coríntios 9:25).

Jesus aplaudirá seu “treinamento rigoroso”, caro leitor. A vida está repleta de tentações, mas o Espírito Santo de Deus nos auxilia a dizer não aos desejos da carne. Você luta contra o álcool? Talvez contra a lascívia? Contra a tentação de comer demais, gastar demais, ter prazer demais? O Senhor sabe os desafios que você enfrenta e recompensará sua dedicação.

A coroa da influência

“Pois quem é nossa esperança, alegria ou coroa em que nos gloriamos diante do Senhor Jesus na sua vinda?” (1Tessalonicenses 2:19).

Você ora por seu vizinho, envia contribuições para o campo missionário e se esforça ao máximo para dar um bom exemplo a seus filhos. Jesus louvará a influência positiva que você tem sobre os outros. Imagine o momento em que você encontrar seu vizinho no céu ou alguém daquela missão que recebeu suas contribuições. Pense também no abraço que receberá de seu filho ou de sua filha. Que coroa maravilhosa!

E tem mais.

A coroa da vida

"Bem-aventurado o homem que persevera na provação, porque, depois de aprovado, receberá a coroa da vida que o Senhor prometeu aos que o amam" (Tiago 1:12).

Para a Bíblia, a provação é uma forma de purificar nosso coração. Como o fogo refina o metal precioso ao remover a escória e as impurezas, a provação também purifica nosso coração dessas coisas. Conforme escreveu um salmista:

> Pois tu, ó Deus, nos submeteste à prova
> e nos refinaste como a prata.
> Fizeste-nos cair numa armadilha
> e sobre as nossas costas puseste fardos.
> Deixaste que homens cavalgassem sobre a nossa cabeça;
> passamos pelo fogo e pela água,
> mas nos trouxeste para um lugar de fartura. (Salmos 66:10-12)

Talvez você sinta que sua vida inteira tem sido uma provação: um entra e sai de hospitais, lares adotivos, clínicas de tratamento, sessões de quimioterapia, bancos com os quais você tem dívidas. Apesar de tudo, você se recusa a desistir. Sim, Cristo abençoará você.

E todos aqueles que anseiam pelo retorno de Jesus receberão...

A coroa da justiça

> Eu já estou sendo derramado como oferta de bebida, e o tempo da minha partida está próximo. Combati o bom combate, terminei a corrida, guardei a fé. Agora, está reservada para mim a coroa da justiça, que o Senhor, justo juiz, me dará naquele dia; não somente a mim, mas também a todos os que amam a sua vinda. (2Timóteo 4:6-8)

Na época em que minhas três filhas tinham quatro anos ou menos, morávamos em uma casa com uma janela alta e estreita ao lado da porta da frente. Essa janela sempre estava repleta de impressões digitais e marcas de nariz. Minha esposa dizia às meninas que eu estava a caminho de casa e, então, elas corriam até a janela para me esperar. Elas se espremiam uma ao lado das outras, empolgadas com a expectativa do meu retorno.

Deus recompensa aqueles que agem da mesma forma, isto é, que "amam a sua vinda" (2Timóteo 4:8), que aguardam ansiosamente pelo seu retorno. Peça ao Espírito de Deus que desperte em você esse anseio pela volta de Cristo. Você receberá a coroa da justiça.

A coroa da glória

"Quando se manifestar o Supremo Pastor, vocês receberão a imperecível coroa da glória" (1Pedro 5:4).

Pedro escreveu para cristãos perseguidos que sofriam muito em nome da fé. O apóstolo desejava mostrar a eles que todo aquele sofrimento não era em vão. Paulo tratou dessa mesma questão: "pois os nossos sofrimentos leves e momentâneos produzem para nós uma glória eterna que pesa mais do que todos eles" (2Coríntios 4:17).

Ser coroado em glória significa, portanto, ser coroado com a vitória suprema e final sobre a perseguição. Os escarnecedores se calarão e os mártires serão honrados. Aqueles que foram escarnecidos na terra serão louvados no céu. Aqueles que foram humilhados na terra serão coroados no céu.

Sua família critica sua fé? Não desanime. Sua recompensa está a caminho.

É alvo de piadas no trabalho? Tenha paciência. Sua recompensa está a caminho.

É o único cristão em sua classe? Aguente firme. Sua recompensa está a caminho.

Quando menos esperar, seu Pai abençoará sua vida.

"Muito bem, servo bom e fiel!" (Mateus 25:23).

Esse versículo me faz lembrar de uma história que Joe Stowell me contou sobre uma ocasião em que se encontrou com o presidente na Casa Branca. Naquela época, Joe era presidente do Moody Bible Institute. Ele e uma dúzia de outros líderes foram convidados para um encontro com George W. Bush na Casa Branca. Cada um esperou sua vez na fila para cumprimentá-lo no outro lado da sala.

Enquanto aguardava, Joe ensaiou mentalmente algumas palavras: "Olá, sr. presidente. Sou Joe Stowell, presidente do Moody Bible Institute em Chicago...". Também planejava dizer ao presidente que estava orando por ele.

Finalmente chegou sua vez. Joe se aproximou, estendeu a mão e começou:

— Olá, sr. presidente. Sou Joe Stowell, presidente do Moody Bible Institute...

Mas o presidente o interrompeu, esboçou um sorriso, colocou a mão em seu ombro e disse:

— É isso aí, Joe! — e voltou a atenção para o convidado seguinte enquanto alguns assessores conduziam um perplexo Joe até a porta. Mais tarde naquele dia, Joe narrou o episódio à sua secretária. Quando retornou a Chicago, ela havia encomendado uma camiseta para ele com os seguintes dizeres: "É isso aí, *Joe" — George W. Bush*.[3]

Rimos muito quando ele contou essa história. No final, comentei: "Sabe de uma coisa, Joe, um dia você vai ouvir essas palavras do Comandante Supremo do universo. E não serão ditas com pressa ou desatenção. Ele olhará em seus olhos e dirá: 'É isso aí, Joe, servo bom e fiel!'".

Essa é a promessa registrada por Paulo: "Cada um receberá de Deus os elogios que merece" (1Coríntios 4:5, NTLH). Que promessa incrível! Não "os melhores", "alguns poucos" ou aqueles "bem-sucedidos". Deus elogiará *cada um*.

Deus não delega essa tarefa. O anjo Miguel não distribuirá coroas nem Moisés falará em nome do trono. O próprio Deus se encarregará de honrar seu povo.

Aproximadamente dez anos depois que meu pai faleceu, passei alguns dias com meu tio Billy. Papai e Billy eram muito parecidos fisicamente e também riam e falavam de modo parecido. Houve momentos naquele final de semana em que quase me pareceu que estivesse conversando com meu pai.

Chegada a hora de eu ir embora, meu tio me acompanhou até o carro e fez um gesto incrível: estendeu a mão (ele era baixinho, como meu pai), colocou a mão em meu ombro, olhou em meus olhos e disse: "Max, seu pai teria ficado muito orgulhoso de você".

---

[3]Citado com permissão.

Se palavras fossem ouro, eu teria ficado bilionário naquele momento. Melhor do que isso somente se tivesse ouvido aquelas palavras diretamente de meu pai.

Deus envia a cada um de nós nosso próprio "tio Billy", pessoas parecidas com nosso Pai para nos animar: amigos, professores, pastores, vizinhos — pessoas valiosíssimas que se parecem com nosso Pai de muitas maneiras e cujas palavras são tesouros para nós. Somente uma coisa seria melhor: ouvir essas palavras diretamente do Pai.

Está cada vez mais próximo o dia em que Deus colocará uma coroa sobre nossa cabeça, sua mão em nosso ombro e nos abençoará. "Deus não é injusto; ele não se esquecerá do trabalho de vocês e do amor que demonstraram pelo nome dele, pois serviram aos santos e continuam a ajudá-los" (Hebreus 6:10).

Deus o elogiará por toda criança que você abraçou, por todo perdão que concedeu, por todo centavo que ofertou, por toda verdade que ensinou, por toda oração que pronunciou. Deus o elogiará pelos momentos em que você se recusou a transigir ou desistir. Acima de tudo, Deus elogiará você por dizer sim a Jesus.

Você honrará Jesus

Por acaso essa história de coroas, bênçãos e recompensas deixou você perplexo? Afinal de contas, o paraíso não é o lugar em que louvaremos a Deus? Não é o único digno de adoração? Não deveríamos coroá-lo em vez de sermos coroados por ele?

Sim, tem toda razão. É exatamente o que acontecerá. Aquela cerimônia de recompensas terá uma reviravolta surpreendente.

Naquele dia inesquecível em que Patmos se transformou em paraíso, o apóstolo João viu o que você e eu veremos um dia. João viu aquele que está assentado no trono. "Ao redor do trono havia vinte e quatro outros tronos, e neles estavam sentados vinte e quatro anciãos. Eles estavam vestidos de branco e na cabeça tinham uma coroa de ouro" (Apocalipse 4:4).

Vinte e quatro é o dobro de doze, provavelmente uma representação das doze tribos israelitas e dos doze apóstolos, isto é, a antiga Israel e a nova aliança. Esses 24 anciãos são representantes de todos os fiéis da história: aqueles que vivem debaixo da lei e aqueles que vivem debaixo da cruz; aqueles que ainda aguardam o Messias e aqueles para quem o Messias já veio. Todos estão representados ali. Qualquer pessoa que deseja se ajoelhar diante do trono está representada ali. E, como os anciãos nos representam, tudo o que eles fazem agora é o que faremos futuramente.

> Os vinte e quatro anciãos se prostram diante daquele que está assentado no trono e adoram ao que vive pelos séculos dos séculos. Eles lançam as suas coroas diante do trono e dizem:
>
> "Digno és tu, Senhor e Deus nosso,
> de receber a glória, a honra e o poder,
> porque criaste todas as coisas,
> e por tua vontade elas existem
> e foram criadas". (Apocalipse 4:10-11)

Sim, um dia seremos coroados. Nosso Criador nos louvará por tudo que fizemos e nos abençoará. Entretanto, ele mal terminará de falar e nos veremos prostrados diante dele e com nossas coroas depositadas a seus pés.

Muita generosidade da parte dele nos presentear com uma coroa. Mas, se ele não o fizesse, o que ofereceríamos a ele? Você entregará sua coroa a ele com a mesma alegria que a recebeu. Deus a colocou voluntariamente em sua cabeça e você a oferecerá voluntariamente.

Não vejo a hora de ver você lá. Quero ver a expressão em seu rosto quando você olhar para Jesus. Basta um rápido olhar para os olhos do Rei e você perceberá que os anciãos agiram bem. O céu tem apenas uma cabeça digna de receber coroa, e não é a sua nem a minha.

"O CÉU TEM APENAS UMA CABEÇA DIGNA DE RECEBER COROA, E NÃO É A SUA NEM A MINHA."

CAPÍTULO 9

UM CASAMENTO DIVINO

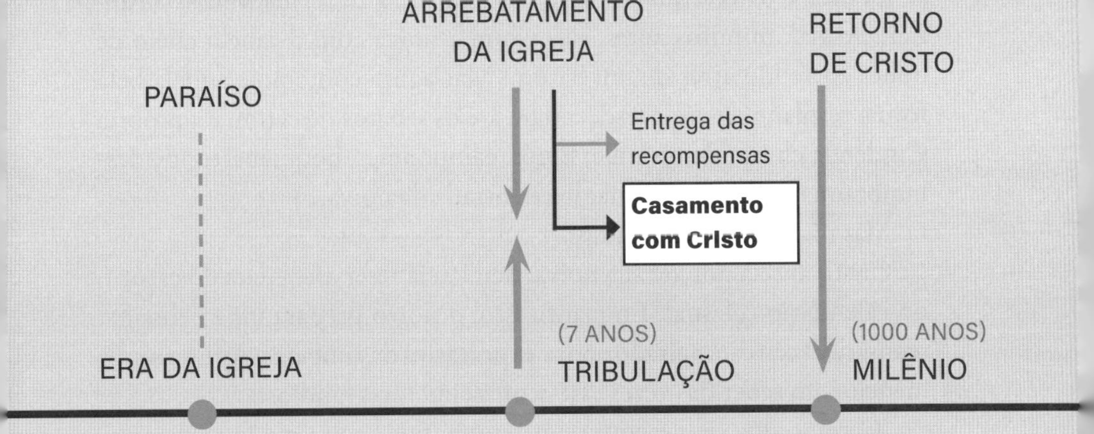

Qual é seu momento predileto em celebrações de casamento? São tantas opções. Desde a primeira nota musical até o último farelo do bolo, casamentos mexem com nosso coração e recheiam álbuns de fotografias. Meninos vestidos de fraques transportando os anéis, mães enxugando lágrimas discretamente com lenços, o pai da *noiva* engolindo em seco na hora de entregá-la ao *noivo*.

Todos nós temos um momento favorito: a luz das velas, o noivo junto ao altar, o cerimonial de cortar o bolo, atirar arroz sobre o casal. Difícil escolher um só.

Talvez você se surpreenda, mas existe um momento específico apontado como favorito pela maioria. De acordo com uma pesquisa exaustiva realizada por "Lucado & Companhia" (conduzido em um período de meros cinco minutos em bate-papos de corredor, acrescido de vários palpites e com uma margem de erro acima de 99%), o acontecimento mais apreciado é a entrada da noiva. Ao soar do órgão, a mãe da noiva se levanta e os convidados se põem em pé. Até as madrinhas suspiram. Afinal, minutos antes, elas viram a noiva com o cabelo cheio de bobes correndo atrás de um batom. Mas agora contemple aquela bela forma resplandecente. Desde a tiara até os sapatos de cetim, é a própria Cinderela chegando ao baile. E nós, camponeses, boquiabertos de deslumbramento. Sim, nós amamos a entrada da noiva.

Mas não tanto quanto Jesus.

Cristo anseia por ver sua noiva. Seu Pai já reservou a data do casório no calendário celestial. Enquanto isso, o noivo prepara uma belíssima mansão. O céu está agitado com a expectativa das núpcias. As Escrituras mencionam repetidas vezes esse acontecimento grandioso.

"O reino dos céus é como um rei que preparou uma festa de casamento para o seu filho" (Mateus 22:2).

“Então, o reino dos céus será semelhante a dez virgens que pegaram as suas lâmpadas e saíram para encontrar-se com o noivo” (Mateus 25:1).

“Cristo amou a igreja e entregou-se por ela para [...] apresentá-la a si mesmo como igreja [noiva] gloriosa, sem mancha, nem ruga, nem coisa semelhante, mas santa e sem culpa” (Efésios 5:25-27).

“Chegou a hora do casamento do Cordeiro, e a sua noiva já se preparou. Para vestir-se, foi-lhe dado linho fino, brilhante e puro” (Apocalipse 19:7-8).

Preste atenção à linguagem: *casamento*, *noivo*, *noiva*, *gloriosa*, *linho fino*. Estamos lendo a Bíblia ou uma revista para noivas? Por que a Escritura insiste em se referir a esse grandioso momento como uma cerimônia de casamento?

Muito fácil: o casamento representa algo que não acontece em nenhuma outra ocasião. Estamos falando de intimidade, romance, união física, entrega completa. Nossa união com Jesus não é uma relação de senhor e escravo ou de criador e criatura, mas de marido e esposa. Nossa chegada ao céu não é encarada como uma aquisição empresarial, uma fusão corporativa ou um contrato comercial, mas como um casamento entre Cristo e sua noiva, a igreja.

> “Vamos nos regozijar! Vamos nos alegrar e dar-lhe glória! Porque chegou a hora do casamento do Cordeiro, e a sua noiva já se preparou. Para vestir-se, foi-lhe dado linho fino, brilhante e puro”. Ora, o linho fino são os atos de justiça dos santos. O anjo me disse: — Escreva: “Bem-aventurados os que são chamados para o banquete do casamento do Cordeiro!”. Ele acrescentou: — Estas são as verdadeiras palavras de Deus. (Apocalipse 19:7-9)

Os preparativos para a festa de casamento celestial correm a todo vapor. O noivo é Cristo e sua noiva é a igreja. Quando esse dia chegar, já teremos sido arrebatados da terra e recompensados por Cristo. Toda madeira, todo feno e toda palha já terão sido consumidos pelo fogo. Restarão apenas nossos atos de justiça. Em seguida, será celebrado nosso casamento.

Na antiguidade, o casamento era comemorado em duas etapas: uma particular e outra pública. Na primeira etapa, os servos do pai do noivo conduziam a noiva até o lar já preparado. Depois de tudo pronto, o pai da noiva colocava a mão dela sobre a mão de seu futuro genro. Passada essa cerimônia particular, tinha início o banquete público.

Nosso programa de casamento ocorrerá de modo semelhante. Em nosso arrebatamento, seremos conduzidos à presença de Jesus no paraíso e, em algum momento após a cerimônia no tribunal *bēma*, nos casaremos com ele. Quando retornarmos com Cristo para a terra, seremos sua esposa (Apocalipse 19:7) e nos vestiremos com trajes suntuosos, como uma noiva vestida de "linho fino, brilhante e puro" (Apocalipse 19:8). Nosso banquete de casamento será o milênio. Na época do Novo Testamento, a duração e o custo do banquete estavam associados à riqueza do pai. Nosso Pai, cuja riqueza não tem limites, comemorará por mil anos nossa união com seu Filho.

"NOSSO BANQUETE DE CASAMENTO SERÁ O MILÊNIO."

JESUS CORTEJA E CONQUISTA SUA NOIVA

Na época de Jesus, era responsabilidade do noivo cortejar sua noiva. Talvez ela o olhasse de relance e sorrisse ao encontrá-lo, porém a proposição de casamento era sempre do noivo. Por mais que ela o desejasse, não poderia se casar caso ele não desse o primeiro passo.

O mesmo ocorre conosco. Ainda que fôssemos suficientemente atraentes para conquistar o céu, não temos o telefone dele. Se quisermos subir ao altar, Deus precisa ligar para nós. E foi exatamente o que fez! O Senhor deu o primeiro passo. Saiu de sua casa e veio bater à nossa porta. "E o amor é isto: não fomos nós que amamos a Deus, mas foi ele que nos amou e mandou o seu Filho para que, por meio dele, os nossos pecados fossem perdoados" (1João 4:10, NTLH).

Jesus está nos cortejando. Sim, ele pode perfeitamente viver sem nós, mas não é esse seu desejo. Ele está apaixonado, cativado, perdidamente encantado conosco, e fará o que for preciso para conquistar nosso amor.

Estou escrevendo este trecho em 8 de agosto, dia do meu 42º aniversário de casamento. Essas ponderações sobre nosso casamento com Jesus despertaram a memória de meu matrimônio com Denalyn. Aos 25 anos, em uma bela manhã de domingo, eu estava em pé, à frente do púlpito de minha igreja, em Miami, quando notei Denalyn entrando pela porta dos fundos do templo. O sol de verão atravessava os vitrais e iluminava o ambiente com luz colorida. O mundo ficou mais iluminado quando a vi. Perdi o rumo do sermão e meu coração começou a bater mais forte. Duas perguntas se formaram instantaneamente em minha mente: "Quem é ela?", "O que farei para conhecê-la?".

Descobri que ela se chamava Denalyn, tinha 23 anos, cantava com voz angelical, era professora, solteira e, aleluia, não estava namorando. Tive a oportunidade de conhecê-la melhor ao longo das semanas seguintes e descobri que era uma pessoa gentil, engraçada e amiga fiel.

Ela não estava nem um pouco interessada em mim. Consequentemente, eu me impus a missão de fazê-la mudar de ideia. Eu telefonava para conversar, escrevia bilhetes, elogiava seu cabelo e a convidava para sair. Demorou, mas finalmente alguém me disse que ela havia começado a prestar atenção a este que vos escreve.

A certa altura, o "quem" foi substituído por "como": como estabelecer um relacionamento com ela? A resposta veio depois de longas caminhadas e conversas, alguns jantares à luz de velas e palavras românticas. Falamos sobre o passado e sobre nossos sonhos para o futuro. Trocamos beijos. Em questão de meses, lá estava eu na joalheria de uma rua chamada Avenida dos Milagres. Sim, um milagre, pois Max se casar com Denalyn parecia bom demais para ser verdade. Comprei o anel, coloquei no dedo dela e começamos nossa vida a dois.

Jesus fez mais, infinitamente mais, para conquistar sua noiva.

No primeiro século, o noivo tinha de entregar uma soma em dinheiro ao pai da noiva.[1] A medida do amor do noivo era percebida no preço que ele estava disposto a pagar. Jesus exprime seu amor da mesma forma.

> Pois sabem que não foi por meio de coisas perecíveis como prata ou ouro que vocês foram redimidos da sua maneira vazia de viver, transmitida

[1]Hayyim Schauss, "Ancient Jewish marriage", *The Jewish Telegraphic Agency*. Disponível em: https://www.myjewishlearning.com/article/ancient-jewish -marriage/.

> por seus antepassados, mas pelo precioso sangue de Cristo, como de um cordeiro sem mancha e sem defeito. (1Pedro 1:18-19)

> Vocês não são de vocês mesmos; foram comprados por um preço. Portanto, glorifiquem a Deus com o corpo de vocês. (1Coríntios 6:19-20)

Se quiser saber quão importante você é para Jesus, a resposta está no sangue que ele derramou na cruz. Cristo prefere morrer a viver no céu sem você. E foi o que ele fez.

Isso nos traz de volta à pergunta inicial: "Qual é o seu momento predileto em casamentos?". Para a maioria das pessoas, é o momento em que veem a noiva. Em minha opinião, é o momento em que o *noivo* vê sua noiva.

Já fiz companhia para vários noivos enquanto aguardávamos nos bastidores a chegada da noiva. O nervosismo faz a camisa molhar de suor enquanto ele ajeita o colarinho e umedece os lábios secos. Os padrinhos brincam dizendo que ainda há tempo de escapar pela porta dos fundos. Ele parece considerar seriamente essa opção. Nesse momento, a noiva chega. É hora de nos posicionarmos no altar. Quando ela entra, os olhos do noivo se arregalam e seu rosto é tomado por sorrisos. Ele respira fundo e quase posso ouvir seus pensamentos: "Não, não há nenhum outro lugar melhor do que aqui e agora".

É o mesmo pensamento que Jesus terá quando vier para buscar sua igreja, seus santos remidos, seus filhos, sua noiva, a família pela qual morreu. Seus santos, com os quais reinará, vestidos com a mais pura graça desde a coroa na cabeça até as nuvens sob os pés. Ela é sua princesa, digna da realeza: "Como o noivo se regozija com a noiva, assim o seu Deus se regozija com você" (Isaías 62:5).

Agora que estamos noivos

Na antiga sociedade judaica, os votos de noivado eram tão solenes que só poderiam ser rompidos pelo divórcio. Embora morassem separados e sem consumar o casamento fisicamente, mesmo assim eram considerados marido e esposa.

A noiva se vestia com um véu ao sair de casa para sinalizar que já estava comprometida. Era submetida a um banho purificador chamado *mikvah*, uma cerimônia por meio da qual se tornava exclusiva para seu marido.

Paulo nos convida para um *mikvah* quando escreve a respeito de nos purificarmos "pelo lavar da água mediante a palavra" (Efésios 5:26). Nessa passagem, a palavra "água" se refere à água da chuva. Nada de água de poço ou de rio, mas água pura do céu. Receber a palavra de Deus significa nos purificar com a chuva da primavera. Jesus nos lava da sujeira do nosso antigo eu e nos prepara para sermos recebidos por ele.

"SE QUISER SABER QUÃO IMPORTANTE VOCÊ É PARA JESUS, A RESPOSTA ESTÁ NO SANGUE QUE ELE DERRAMOU NA CRUZ. CRISTO PREFERE MORRER A VIVER NO CÉU SEM VOCÊ. E FOI O QUE ELE FEZ."

E, à medida que nos prepara para estarmos ao seu lado, também nos prepara uma morada. Era o que Jesus, um judeu em uma cultura judaica, tinha em mente quando prometeu: "Na casa do meu Pai há muitos aposentos; se não fosse assim, eu teria dito que vou preparar lugar para vocês? Quando eu for e preparar lugar, voltarei e os levarei comigo, para que vocês estejam onde eu estiver" (João 14:2-3).

Nesse período de preparação, o noivo regressava à casa do pai a fim de preparar um quarto de núpcias. De acordo com Zola Levitt:

> Era um preparativo complexo para o noivo. Ele tinha de construir uma casa separada na propriedade de seu pai ou decorar um dos cômodos da casa de seu pai. O aposento nupcial tinha de ser bonito [...] ninguém comemora lua de mel em qualquer lugar [...] Esse projeto de construção ocupava uma boa parte do ano [...] e o pai do noivo era quem determinava o encerramento do projeto.[2]

[2]Zola Levitt, *A Christian love story* (Dallas: Great Impressions Printing, 1978), p. 3.

De modo semelhante, nosso Pai celestial determinará quando nossa morada celestial será concluída. "Quanto ao dia e à hora, ninguém sabe, nem os anjos dos céus, nem o Filho, senão o Pai" (Mateus 24:36).

O apóstolo João teve um vislumbre do nosso lar celestial quando o anjo o levou a "um grande e alto monte e mostrou-me a cidade santa, Jerusalém, que descia dos céus, da parte de Deus. Ela resplandecia com a glória de Deus, e o seu brilho era como o de uma joia muito preciosa, como jaspe, clara como cristal" (Apocalipse 21:10-11).

Eis a cidade que nos aguarda depois do milênio: "A cidade tinha o formato de um quadrado, de comprimento e largura iguais. De fato, tinha 2.200 quilômetros de comprimento, de largura e de altura" (Apocalipse 21:16, NVT).

Conforme disse Jesus, a casa de seu Pai terá muitos aposentos e haverá espaço de sobra para todos os seres humanos, de todas as épocas, que creem no Senhor.

Você consegue imaginar Jesus trabalhando? Não é um trabalho maçante, mas um privilégio. Não é uma tarefa pesada, mas uma oportunidade. Cada martelada, cada ir e vir do serrote, tudo isso mantém vivo o sonho de Jesus de um dia buscar sua noiva e tomá-la nos braços para dentro de casa.

Você percebe quanto é amado pelo noivo? Descanse no amor dele. Jesus não rejeitará você, como outros fizeram. O amor dele não é inconstante nem frágil. Você só precisa fazer uma coisa: "dediquem-se às coisas que são do alto [...] Pensem nas coisas do alto, não nas coisas da terra" (Colossenses 3:1-2).

Sou pai de três filhas casadas e observei como o mundo delas mudou depois do noivado. Que vestido usarei? Quantos convidados virão? Que comida serviremos? Quanto custará? (Acredito que só eu fiz essa última pergunta.)

Que o dia de seu casamento celestial tome conta de seus pensamentos! Nenhum noivo fez sacrifício maior do que o feito por Jesus. Nenhum noivo se esforçou mais, foi mais longe ou pagou preço maior. Nenhum noivo fez mais para conquistar sua noiva do que Jesus fez para conquistar sua igreja.

Ele sempre nos tratou de maneira apropriada, afetuosa e respeitosa. Jamais se impôs. Jamais nos enganou ou nos maltratou. Quando nos pediu em casamento, derramou seu coração para nós. E na cruz derramou seu sangue.

Nosso noivo fez a nosso favor algo que jamais seríamos capazes de fazer por conta própria. Ele nos capacitou, nos purificou e nos santificou. Por fim, morreu e ressuscitou por nós. Jamais um noivo fez tanto por sua noiva.

E jamais uma noiva se mostrou tão indigna de seu noivo. Ele detém toda a autoridade, e nós somente a autoridade que nos foi concedida. Temos a tendência de nos esquecer dele, de deixá-lo de lado, de nos comportar como se não fôssemos sua noiva. Apesar disso, ele se recusa a nos deixar. Ao contrário, ele nos convida a imaginar aquele momento em que dirá: "Eu, Jesus, aceito você, uma pessoa pecadora, como minha esposa. Faço com você, diante de Deus, uma aliança para ser seu companheiro por toda a eternidade. A você entrego meu coração, meu lar e meu amor. Somos um para sempre".

"

QUE O DIA DE SEU CASAMENTO CELESTIAL TOME CONTA DE SEUS PENSAMENTOS.

"

Nunca houve nem jamais haverá celebração igual ao nosso casamento celestial. Veremos anjos pairando sobre nós. Louvores transbordarão em nosso íntimo. Testemunharemos o fim desta era e o início da próxima. Pecado e morte não mais existirão. Lágrimas e temores, também não. Doenças e dívidas, culpa e remorso, vícios e aflições, guerras e fúria, nenhuma dessas coisas jamais acontecerá na casa de Deus.

Será um casamento inacreditável! Reflita, imagine, sonhe com esse acontecimento. Coloque nele todas as suas esperanças. Que o dia de seu casamento determine a forma que você vive hoje!

"

NENHUM NOIVO SE ESFORÇOU MAIS, FOI MAIS LONGE OU PAGOU PREÇO MAIOR. NENHUM NOIVO FEZ MAIS PARA CONQUISTAR SUA NOIVA DO QUE JESUS FEZ PARA CONQUISTAR SUA IGREJA.

"

Fomos separados e chamados para viver como uma noiva santa. Já oferecemos nossa mão em casamento. Não se contente com encontros casuais em motéis baratos. Você pertence a Jesus, e ele está mais ansioso para ver você do que você está para vê-lo. Ele está profundamente interessado em você. Ele morreu para salvar sua vida e agora vive para ter você ao lado dele. Jesus "pode evitar que vocês caiam e pode apresentá-los sem defeito e cheios de alegria na sua gloriosa presença" (Judas 1:24, NTLH).

Anos atrás, falamos sobre a cerimônia de casamento celestial em nossa igreja. Haveria coisa melhor, pensei comigo, do que concluir o sermão com um convite para que a esposa de Cristo viesse até ele caminhando pelo corredor central da igreja? Para isso, convidei uma voluntária a que se vestisse de noiva e véu. No momento oportuno, dei um sinal para começar a música e para a noiva entrar. Ela começou a caminhar e colidiu em cheio com a última fileira de bancos da igreja. Não sei por que eu esperava que fosse diferente, uma vez que seu rosto estava totalmente encoberto pelo véu.

Rapidamente enviamos alguém para conduzi-la até o altar, exatamente como Deus fez ao enviar seu Espírito para nos acompanhar. Ele sabe que nossa visão está bloqueada por um véu. Ele sabe que tropeçamos e caímos. Ainda assim, afirma que pertencemos a ele, que somos sua noiva. Tenho a impressão de que ele também considerará a entrada da noiva o ápice da cerimônia.

CAPÍTULO 10

DEPOIS QUE OS SANTOS VIEREM MARCHANDO

Eu era uma calamidade em minha época de ensino médio. De jeito nenhum gostaria que minhas filhas saíssem com alguém parecido com aquela versão adolescente do pai delas. Eu desrespeitava meus pais, era desonesto com os diretores da escola e hipócrita em minha fé.

Meu irmão e eu aperfeiçoamos a arte de fazer baderna, encher a cara e circular por baladas noturnas. Ele conseguiu uma carteira de identidade falsa para mim, me mostrou onde comprar cerveja e como esconder as farras de nossos pais.

Mas papai sabia de tudo. Ele havia crescido em meio ao alcoolismo. O pai dele bebia e várias de minhas tias e tios lutavam contra o vício do álcool. Não conseguíamos enganá-lo. Mais de uma vez, ele nos pegou no flagra e nos disciplinou. Ficamos de castigo, sem a chave do carro, e fomos obrigados a cumprir muitas tarefas domésticas em casa.

Nada disso funcionou, até o dia em que ele nos deu um ultimato. Era uma manhã de sábado, provavelmente a última gota d'água para ele depois de eu e meu irmão passarmos a noite de sexta-feira enchendo a cara. Ele nos fez sentar no sofá da sala. Não parecia irado, mas simplesmente disposto a tomar medidas práticas. Ele anteviu as consequências de nossa insensatez e avisou que não faria nada para impedi-las.

"Cedo ou tarde, vocês vão se encrencar com a polícia. Eles abordarão vocês por dirigirem alcoolizados. Vocês serão presos por não terem idade suficiente para frequentar baladas. O delegado vai me ligar e pedir para eu comparecer à delegacia e pagar a fiança para soltá-los. Meus filhos, prestem atenção: não buscarei vocês na cadeia; não pagarei fiança nenhuma; vocês permanecerão presos."

Não foi uma ameaça, apenas uma declaração dos fatos. Ele não estava fingindo nem blefando. Simplesmente foi direto e honesto, como se dissesse: "Vocês querem seguir por esse caminho? Então as consequências serão estas".

Tomei um chacoalhão.

Volta e meia, aquela conversa me vem à mente quando leio o que a Bíblia nos informa a respeito da tribulação que vem por aí.

Quero deixar bem claro que Deus não nos criou para sofrermos um final calamitoso. Muito pelo contrário. Ele nos chama para viver em seu esplendor e desfrutar sua presença para sempre. "Ele é paciente com vocês e não quer que ninguém pereça, mas que todos cheguem ao arrependimento" (2Pedro 3:9). Deus repete esse convite a todo momento: ao nascer do sol, ao cair da noite, a cada bênção graciosa que recebemos dele. Também por meio da natureza e das Escrituras. Até o ar que respiramos serve para nos lembrar da bondade de Deus e de que dependemos dele.

Não obstante, as pessoas continuam rejeitando o convite divino. Esbravejam com Deus para que as deixe em paz. Vivem propositalmente na perversidade e não querem nem ouvir falar de pecado e salvação.

Essa rejeição trará consequências graves. Da mesma forma que meu pai terreno tanto me amou a ponto de conversar comigo honestamente, nosso Pai celestial nos ama igualmente a ponto de ser honesto conosco. É claro que meu pai apenas imaginava quais seriam as consequências mais prováveis. Todavia, nosso Pai celestial sabe perfeitamente o que nos aguarda: coisas verdadeiramente perturbadoras.

O apóstolo Paulo descreveu a tribulação em detalhes para a igreja de Tessalônica.

O dia do Senhor

> Agora, irmãos, vamos esclarecer algumas coisas a respeito da vinda de nosso Senhor Jesus Cristo e de nosso encontro com ele. Não se deixem abalar nem assustar tão facilmente por aqueles que dizem que o dia do Senhor já começou. Não acreditem neles, mesmo que afirmem ter recebido uma visão espiritual, uma revelação ou uma carta supostamente enviada por nós. (2Tessalonicenses 2:1-2, NVT)

Os cristãos de Tessalônica andavam nervosos e preocupados por imaginarem que já estavam vivendo o "dia do Senhor", expressão bíblica geralmente relacionada à tribulação. Em verdade, você e eu estamos vivendo o "dia da Graça". Ainda sofremos as consequências do pecado, porém não o julgamento decisivo da ira de Deus, aquela mesma ira que as pessoas da época de Noé experimentaram e posteriormente os habitantes de Sodoma e Gomorra, e mais tarde faraó e os egípcios.

Não experimentamos a ira de Deus porque Jesus Cristo a sofreu em nosso lugar. "Meu Deus! Meu Deus! Por que me abandonaste?", clamou Jesus a fim de que não recaísse sobre nós (Mateus 27:46).

O "dia do Senhor" é sinônimo de julgamento. A expressão aparece diversas vezes nas Escrituras em referência à ira de Deus. Em 2Tessalonicenses, Paulo a utilizou duas vezes para se referir a um dia que ocorrerá após alguns eventos: "Que ninguém os engane de modo algum, porque aquele dia não acontecerá sem que primeiro venha a apostasia e seja revelado o homem da iniquidade, o filho da perdição. Este se opõe e se exalta acima de tudo o que se chama Deus ou é objeto de culto, chegando até a sentar no Templo de Deus, fazendo-se passar por Deus" (2Tessalonicenses 2:3-4).

Paulo estava se referindo ao Anticristo e à sua blasfêmia de exigir que todos o adorem no Templo. (A passagem pressupõe a reconstrução do santuário no monte do Templo.) Nesse contexto, o "dia do Senhor" diz respeito ao período de sete anos durante os quais Deus permitirá que todos que o rejeitaram sofram integralmente as consequências dessa rebeldia.

Um dia de indiferença

A tribulação começará em algum momento depois do arrebatamento. Em um acontecimento que deixará o planeta aturdido, Jesus descerá com um brado e resgatará os cristãos da ira vindoura. De um segundo para outro, pessoas desaparecerão de suas famílias, empregados desaparecerão de seus escritórios, túmulos se abrirão em cemitérios, enfermeiros de hospitais ficarão perplexos ao verem leitos repentinamente vazios. Os diretores das escolas não saberão o que aconteceu com professores e alunos que estavam lá em um momento e desapareceram no momento seguinte.

É razoável supor que esses "não arrebatados" tenham percebido a característica elementar compartilhada pelos desaparecidos: todos criam em Jesus. Embora tivessem tons de pele diferentes, falassem línguas diferentes, adotassem ideais políticos diferentes, se enquadrassem em níveis de renda diferentes, compartilhavam de algo em comum: eles criam na salvação em Jesus Cristo.

Seria de esperar que buscassem Bíblias e as lessem, procurassem sermões em áudios e os ouvissem, vasculhassem livros cristãos e os estudassem. Entretanto, muitos não moveram nem um dedo sequer.

Jesus disse: "o amor de muitos esfriará" (Mateus 24:12). Em vez de se voltarem para Deus por causa do arrebatamento, as pessoas voltarão as costas para ele. Como isso é possível? Como alguém pode permanecer indiferente diante da mais dramática redução populacional da história? Paulo atribui essa indiferença ao "homem da iniquidade" (2Tessalonicenses 2:4).

O que acontecerá com a sociedade quando milhões, talvez bilhões, de pessoas trabalhadoras que pagam seus impostos e buscam Deus desaparecerem de modo repentino? Quem colocará ordem nas coisas? Quem explicará o sumiço dessas pessoas? Quem acalmará a onda gigantesca de medo que assolará o mundo?

O "homem da perversidade", o Anticristo, que, com sua grande oratória e poder satânico, oferecerá soluções fáceis e fará promessas mirabolantes.

Chuck Swindoll resume da seguinte forma:

> Esse homem surgirá depois do arrebatamento, provavelmente para acalmar o caos instaurado pela partida inexplicada de tantos cristãos. Ele estará pronto para se pronunciar. Ele se dirigirá não apenas a uma nação, mas ao mundo, e conquistará o apoio de todos. A exemplo de Hitler, surgirá em um cenário de caos político e econômico tão grande que as pessoas o considerarão um visionário, alguém com respostas simples e poder para unificar o mundo.[1]

Jamais houve alguém semelhante a ele, um homem sem nenhum princípio moral, consciência, percepção de certo ou errado ou consideração por Deus e seu povo. "Ele se exaltará e se oporá a tudo que o povo chama de 'deus' e a todo objeto de culto, e até se sentará no templo de Deus e se fará passar por Deus" (2Tessalonicenses 2:4, NVT).

---

[1] Charles Swindoll, *Steadfast Christianity: a study guide of 2 Thessalonians* (Fullerton: Insight for Living, 1986), p. 24.

> "SERIA DE ESPERAR QUE BUSCASSEM BÍBLIAS E AS LESSEM, PROCURASSEM SERMÕES EM ÁUDIOS E OS OUVISSEM, VASCULHASSEM LIVROS CRISTÃOS E OS ESTUDASSEM. ENTRETANTO, MUITOS NÃO MOVERÃO NEM UM DEDO SEQUER."

Não bastasse isso, o céu não o impedirá. Conforme escreveu Paulo: "Essa perversidade já opera secretamente e permanecerá em segredo até que se afaste aquele que a detém" (2Tessalonicenses 2:7, NVT). Neste momento, Deus controla o mal com rédeas curtas. Na tribulação, porém, Deus permitirá que as pessoas sofram as consequências de sua rebeldia.

Satanás está aguardando o arrebatamento, aguardando que o Pastor conduza seu rebanho para um pasto seguro. Depois da partida das ovelhas, o lobo aparecerá à porta. Satanás entrará no corpo do Anticristo como entrou no corpo de Judas (João 13:27). Deus soltará o botão de pausa do cronômetro e terão início os últimos sete anos.

Sim, nós vivemos em uma época difícil e sombria. Contudo, se não fossem o poder do Espírito e a influência da igreja, o mundo já teria sido destruído. O que acontecerá, portanto, quando o Espírito se retirar e a igreja for arrebatada?

Paulo, inspirado pelo Espírito, descreveu o que acontecerá: "O Perverso chegará com o poder de Satanás e fará todo tipo de falsos milagres e maravilhas. E enganará com todo tipo de maldade os que vão ser destruídos. Eles vão ser destruídos porque não aceitaram nem amaram a verdade que os poderia salvar" (2Tessalonicenses 2:9-10, NTLH).

O Anticristo inventará uma história para explicar o desaparecimento dos cristãos. Convencerá o mundo a parar de pensar neles e em seu Salvador e a prestar culto a ele próprio. E será bem-sucedido.

Inacreditável! As pessoas testemunharão um milagre quase igualável à ressurreição de Jesus e seguirão com suas vidas como se nada tivesse acontecido. Consequentemente, o dia da graça se transformará em "o dia do Senhor".

O livro de Apocalipse narra em detalhes os horrores que sobrevirão. Os cavaleiros sairão para conquistar e guerrear (Apocalipse 6:1-2). A paz desaparecerá da face da terra. Muitos morrerão (v. 3-4). Haverá fome e inflação galopante por toda parte, causando ainda mais tumultos e mortes (v. 5-6). Um quarto da população mundial perecerá (v. 7-8). Aqueles que se voltarem para Cristo serão martirizados por sua fé (v. 9-11). Um terremoto fará com que as pessoas procurem esconderijos (v. 12-17). Um terço do sol, da lua e das estrelas escurecerá (8:12). O sol queimará as pessoas com fogo e calor escaldante (16:8-9).

Nas palavras de Jesus: "Haverá então grande tribulação, como nunca houve desde o princípio do mundo até agora, nem jamais haverá" (Mateus 24:21).

UM DIA DE DECISÃO

Talvez você esteja pensando: "E daí? Serei arrebatado e estarei com Jesus. Que me importa a tribulação?".

Muito simples: Deus se importa. A Bíblia traz pelo menos 36 nomes diferentes para a tribulação,[2] cuja descrição cobre uma boa parte do livro de Apocalipse. Além disso, Jesus dedicou seu último sermão (no monte das Oliveiras)[3] para explicá-la. Como se vê, a tribulação é importante para Deus. Portanto, também deve ser para nós.

Apesar de terrível, a tribulação traz grandes ensinamentos.

Primeiro, chama nossa atenção para o fato de que Deus *odeia o pecado*. Deus odeia tudo aquilo que faz as pessoas se afastarem dele e se transformarem em criaturas violentas, depravadas e egocêntricas.

Segundo, revela que *Satanás é um enganador* que vem mentindo desde o início e continuará mentindo até o final. Ele tem alergia à verdade e sabe deslumbrar os seres humanos com promessas de paz e de poder aparentes. Ele sabe como induzir as pessoas a adorá-lo em vez de adorarem a Deus. Por algum tempo é exatamente isso que as pessoas que permanecerem na terra durante a tribulação farão.

[2]Veja a lista de nomes em: Mark Hitchcock, *The end* (Wheaton: Tyndale House, 2012), p. 235-7.

[3]Mateus 24—25, Marcos 13, Lucas 21.

> “A TRIBULAÇÃO É IMPORTANTE PARA DEUS. PORTANTO, TAMBÉM DEVE SER PARA NÓS.”

Há outro motivo para compreendermos a tribulação. É possível que você passe por ela. Não é tão absurdo quanto parece. Você vive distante de Cristo? Se sim, Deus está fazendo com você o que fez com meu irmão e eu: está expondo os fatos; descrevendo as consequências. Isso é amor. Amar é explicar o que existe no final da estrada da desobediência. Meu pai não queria que eu fosse parar na cadeia. Jamais desejou me ver trancafiado com malandros e bandidos. Apesar disso, permitiu que eu escolhesse qual caminho seguir.

Deus entregou essa decisão a você. Ele não quer que você passe pela tribulação. Não deseja que você esteja aqui quando os portões do mal e da perversidade forem escancarados.

Diga sim antes que venha a noite.

Resta ainda um último motivo para refletirmos sobre a tribulação. É possível que essas palavras, escritas antes do arrebatamento, sejam lidas em meio ao caos depois da partida da igreja. Talvez você esteja entre aqueles deixados para trás. Se isso acontecer, e se você encontrar esta mensagem sobre a tribulação, ouça as palavras de Jesus: “Aquele que perseverar até o fim será salvo” (Mateus 24:13).

> “AMAR É EXPLICAR O QUE EXISTE NO FINAL DA ESTRADA DA DESOBEDIÊNCIA.”

Embora terrível, a tribulação será temporária. Volte-se para Cristo e confie nele.

Ele retornará em breve e nós, sua igreja, estaremos com ele.

E uma nova era de paz, de verdadeira paz, terá início.

CAPÍTULO 11

AGORA QUE O CAOS CHEGOU

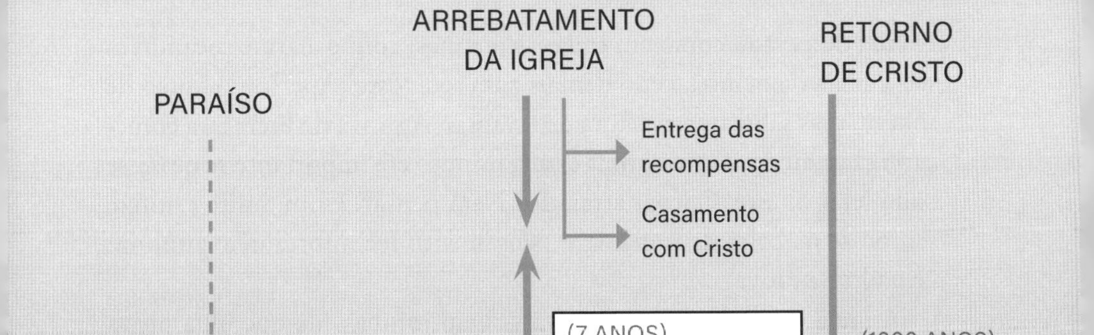

Como será a vida depois do arrebatamento?

Em todo o mundo, as pessoas começarão o dia normalmente: café da manhã, trabalho, escola, academia. Nada de diferente que induza alguém a suspeitar que algo sinistro está prestes a acontecer. Será a correria de sempre: festas, compromissos, relatórios, viagens. Então, em um momento sem precedentes, bilhões de pessoas desaparecerão instantaneamente, em um piscar de olhos, coisa de nanossegundos. Foi. Sumiu. Evaporou.

Conversas serão interrompidas no meio da frase. Uma professora em sala de aula verá que metade de seus alunos desapareceu. Bicicletas no meio da rua sem condutores. Aviões sem pilotos despencando. Barcos sem timoneiros encalhando nas praias.

Imagine o tumulto, a confusão, o pânico ao redor do mundo.

É possível que a coisa toda aconteça desse jeito.

Os desaparecidos

Daniel despertou como em todas as manhãs: com o alarme tocando às seis e meia da manhã, cedo demais para seu gosto. Apertou o botão de soneca, mas sabia que era hora de levantar. A prova de literatura começaria exatamente às oito horas e cada minuto era importante se quisesse completar o teste. Chegar atrasado? Nem pensar! Com muito esforço, sentou-se na beira da cama. Um pensamento reconfortante o animou: "É a última prova".

A ideia o fez rir. "É a primeira vez em minha vida que uma prova final é verdadeiramente FINAL." Faltava apenas uma semana para a formatura. Adeus, faculdade. Adeus, trabalhos para entregar. Chega de viver contando centavos. Daniel se levantou e foi caminhando vagarosamente até o banheiro.

Não tinha o hábito de assistir ao noticiário pela manhã. Algumas vezes ouvia música, mas nada de televisão nem de jornal *on-line*. Nem mesmo lia seus e-mails. A primeira ação do dia era tomar uma xícara de café na padaria da esquina: um *espresso* duplo servido por ninguém menos do que Emily, o amor da sua vida.

Emily começava seu trabalho às cinco horas. Faltava apenas um ano para se formar na faculdade e estava sempre nos pensamentos de Daniel. O plano daquela manhã era simples: vestir-se, ir à padaria, dar um beijo em Emily e estudar mais um pouco. Quinze minutos depois, Daniel já estava pronto e com o pé na rua.

Foi quando deparou com o caos. Aquela manhã de maio estava suficientemente clara para que fosse possível observar o pandemônio: carros parados bem no meio da rua; alguns em cima da calçada; outros colididos com casas e prédios. Muitas portas escancaradas; sons de alarme por toda parte; gente gritando à procura de amigos e entes queridos.

— John!

— Elizabeth!

— Joe! Nathan! Onde estão vocês?

Uma voz desesperada atrás de Daniel o fez saltar.

— Você viu meus filhos? — perguntou uma mãe em pânico. — Estavam no banco de trás do carro e não sei onde foram parar!

Ele não teve tempo de responder. Ela já se havia distanciado, ainda chamando pelos filhos.

Daniel correu até a padaria e abriu a porta. Muita gente em pé assistindo à televisão. Ninguém tomando café, ninguém servindo café. Espremendo-se aqui e ali naquela padaria lotada, conseguiu chegar até o balcão, mas não encontrou Emily.

— Onde está Emily? — perguntou à outra atendente.

— Não sei, Daniel. Ela estava bem aqui e... sumiu.

Seu coração disparou. Tomado de um redemoinho de pensamentos, já não conseguia raciocinar. "O que está acontecendo?", "Onde está Emily?", "Estamos sendo atacados? Abduzidos?"

Nesse momento, seus olhos se voltaram para a televisão. A tela mostrava um repórter bem no meio da Times Square, em Nova York.

— Não há uma explicação. As pessoas simplesmente sumiram — falou, exasperado.

O noticiário mudou para Washington. Uma jornalista na frente da Casa Branca reportava sem nenhuma expressão:

— Ainda não temos nenhum pronunciamento do secretário de imprensa.

Daniel assistiu por dez minutos. A história era a mesma em todos os lugares: Pequim, Buenos Aires, Honolulu, Chicago. Chicago? Justamente onde Daniel morava. A tela agora mostrava um repórter na rua Clark, bem ao lado da universidade, tentando fazer o impossível: explicar o sumiço repentino de toda aquela gente. O repórter abordou uma estudante.

— Minha melhor amiga e eu estávamos correndo — disse ela com os olhos em lágrimas. — Então, olhei na direção dela para perguntar alguma coisa e...

Daniel já não aguentava mais assistir. Embora não soubesse para onde ir, não queria ficar onde estava. Voltou correndo pela rua, subiu as escadas, se trancou em seu apartamento e desabou no sofá. Assistiu ao noticiário por mais algumas horas e desligou a televisão. Estava totalmente pasmo.

Então, lembrou-se da caixa. Abriu o guarda-roupa, pegou a caixa de madeira guardada no alto de uma prateleira e levou-a para o sofá.

A carta ainda estava dentro do envelope fixado à caixa com fita adesiva. Trazia seu nome, "Daniel Jacob Harrison", escrito de modo quase ilegível por seu avô.

Não havia endereço, pois a caixa e o envelope haviam sido entregues pessoalmente.

Os pais de Daniel haviam falecido em um acidente de carro quando ele tinha 16 anos. Depois disso, Daniel se mudou para a casa de seus avós maternos, Charles e Maggie. Se havia alguém capaz de curar um coração partido era Charles, um médico à moda antiga em uma pequena cidade de Iowa. Charles bem que tentou se aposentar, mas ninguém o deixava em paz. Aos 80 anos, ainda fazia partos e visitava pacientes.

Daniel fora criado em Chicago, mas Charles e Maggie moravam em um sítio longe da região metropolitana. A princípio, teve muita dificuldade para se adaptar à vida rural, mas, no fim das contas, isso fez bem para ele. Conheceu muitos primos, fez amizades e estudou em uma escola local. Era uma vida bem menos apressada. Seus avós o tratavam com grande bondade. Ouviam-no quando precisava falar; não o importunavam quando precisava de sossego.

Com o tempo, Daniel começou a criar coragem e a pensar no futuro. Foi graças a seus avós que conseguira sobreviver às tempestades.

Consequentemente, tinha em alta estima tudo o que Charles e Maggie lhe diziam — salvo quando falavam sobre fé. O pai de Daniel havia rejeitado todo e qualquer tipo de espiritualidade. Era judeu, mas apenas de nome. Era um sujeito íntegro e trabalhador que obteve muito sucesso por esforço próprio. Não precisava de nenhum Salvador, como costumava dizer. Certa manhã de domingo, foi exatamente o que Daniel o ouviu dizer à sua mãe em uma conversa que acabou degenerando em discussão. Pela enésima vez, ela o convidara para acompanhá-la à igreja. Ele tirou sarro e disse novamente que não precisava de um salvador. Depois disso, ela nunca mais o convidou.

Em sua infância, Daniel frequentara a escola dominical com sua mãe. Entretanto, a certa altura, começara a seguir o caminho do pai.

Seus avós também frequentavam a igreja, mas ele não quis acompanhá-los e eles decidiram não insistir. Sempre que tocavam no assunto, Daniel, muito educadamente, desconversava.

Amava seus avós e eles o amavam.

Contudo, Daniel não queria saber de Deus.

"Não preciso de Salvador": o mantra de seu pai se tornara agora o seu também.

Daniel conheceu Emily na primeira semana do último ano de faculdade. O *campus* estava em ritmo de festa. A turma que frequentava o bar mais badalado da cidade se revelava especialmente animada. Barris e mais barris de cerveja foram comprados via cartão de crédito dos pais. Daniel também bebeu e estava especialmente extrovertido quando viu uma loirinha de Baton Rouge.

— Oi, meu nome é Daniel e estou pronto para uma nova vida. Posso começá-la com você? — disse ele em uma cantada que mais tarde se tornaria motivo de risada entre eles.

Mais brega, impossível. Mas, levando-se em conta a cerveja e o ambiente, até que não foi tão ruim. Emily sorriu e assim começaram a namorar. Um mês depois, Daniel a levou para conhecer seus avós. No dia de Ação de Graças, Emily já os estava chamando de Pop e Memaw, apelidos carinhosos que Daniel lhes dera.

Na viagem de retorno para Chicago, depois da celebração do dia de Ação de Graças, Daniel percebeu que Emily estava muito quieta e quis saber o motivo.

— Memaw conversou comigo sobre Jesus — respondeu ela.

— Ah, eu sabia que, mais cedo ou mais tarde, daria nisso — suspirou ele. — Não se preocupe, pedirei a ela que não toque mais nesse assunto.

— Não, Daniel. Eu quero conhecer Jesus. Para dizer a verdade, já o conheço.

Em seguida, Emily contou uma parte de sua vida sobre a qual eles ainda não haviam conversado. Ela era cristã e havia tomado essa decisão muito tempo atrás, em uma aula de escola dominical, aos 8 anos.

— Daniel, conversei com sua avó e senti outra vez o que senti quando era criança. Ela me disse que era a presença do Espírito Santo. Disse que ele nunca me havia abandonado.

Daniel começou a formular uma piada, mas desistiu ao notar lágrimas nos olhos de Emily.

Eles concordaram em não falar sobre religião e continuaram namorando. Contudo, Daniel observou que Emily começou a carregar uma Bíblia na mochila. Também observou que ela transmitia uma sensação de paz.

Essa paz se tornou mais evidente no dia em que o avô dele faleceu, em uma tarde de domingo de dezembro. Memaw pensou que o marido estivesse cochilando, mas não.

O culto fúnebre foi oficializado na igreja local. Daniel teve dificuldade para se concentrar. A morte do avô fez com que emergissem memórias do funeral de seus pais e ele chorou durante o culto.

Mais tarde, a família se reuniu na casa de Maggie. Estavam presentes todos os primos e alguns tios e tias. Era um povo que gostava de conversar, e Daniel se sentiu aliviado de sua tristeza. Até mesmo sorriu com uma história contada por um primo. Por um momento, esqueceu-se do motivo daquela reunião de família.

Depois de todos irem embora, Maggie pediu a Daniel e Emily que se sentassem e saiu para buscar algo. Em seguida, retornou trazendo uma caixa de madeira envernizada com uma fechadura de metal e a entregou a Daniel. Preso à tampa com fita adesiva, estava um envelope grafado com o garrancho de médico do vovô.

— A senhora sabe o que tem dentro? — perguntou Daniel.

— Sei, Daniel — respondeu Maggie.

Uma chave pequena caiu quando Daniel removeu do envelope uma folha escrita à mão.

Meu querido e amado neto.

Você me enche de orgulho! Suportou mais sofrimento do que deveria e o fez com dignidade e coragem.

O fato de você estar lendo estas linhas significa que meu espírito não está mais na terra. Tive uma vida longa e abundante. Não tenho nenhum arrependimento. Tenho, porém, uma tarefa que ainda não completei. E diz respeito a você, Daniel.

Saiba que minha última oração foi por sua salvação. Cada vez que oro, começo e termino pedindo a Deus que toque seu coração. Portanto, sei com certeza que a última oração que eu fizer em vida terminará com um pedido por sua salvação.

Espero que você jamais precise do que está guardado nesta caixa. Minha esperança é que, a exemplo de mim, de sua mãe e de sua avó, você creia em Jesus. É meu maior desejo.

Mas, se isso não acontecer, é possível que você esteja vivo quando Jesus retornar para buscar sua igreja. Sei que você não gosta desse assunto. Pensa que é bobagem, coisa de velho. Peço encarecidamente que leia até o final.

Talvez você esteja vivo quando o mundo virar de cabeça para baixo. Sim, o mundo inteiro. De um momento para outro, pessoas desaparecerão e ninguém saberá explicar o que aconteceu.

Mas eu sei. Cristo terá retornado para buscá-las. Ele as levará ao paraíso para fazer delas sua noiva celestial.

Você deve estar balançando a cabeça ao ler estas palavras. Ok, não direi mais nada. Apenas encerrarei com um pedido. Você é uma pessoa íntegra. Portanto, sei que honrará meu pedido: não abra esta caixa enquanto tal dia não chegar.

Então, PELO AMOR DE DEUS, ABRA.

Você precisa saber o que vai acontecer. Embora eu não tenha como prever detalhes, tenho certeza de uma coisa: serão dias extremamente difíceis. Guarde esta caixa e a chave.

Amo você.

Daniel entregou a carta para Emily e virou-se para Maggie.

— Saberei o momento certo de abrir a caixa?

Maggie fez que sim com a cabeça.

Daniel colocou a chave de volta no envelope e pôs a caixa sobre o sofá. Não resistiu ao impulso de fazer mais uma pergunta.

— Você sabe o que tem dentro dela, Memaw?

Ela fez que sim novamente.

Daniel e Emily retornaram a Chicago. Conversaram um pouco sobre a caixa, mas nenhum dos dois tinha muito a dizer sobre aquele objeto misterioso, enigmático. Conversaram, então, sobre todas as outras coisas: funeral, família, o frio congelante de dezembro. Daniel cumpriu sua promessa e guardou a caixa em seu guarda-roupa, sem abri-la.

Era o fim do penúltimo semestre e o começo último. Daniel e Emily prosseguiram estudando e trabalhando, felizes com a chegada da primavera. Estavam cada vez mais apaixonados. O futuro a dois era encarado com seriedade. Uma vida normal, feliz, vibrante.

Até aquela manhã de maio.

O Cordeiro segura o rolo

Ninguém sabe exatamente como será a vida no mundo pós-arrebatamento, mas uma coisa é certa: será um grande choque para a sociedade global. A igreja estará celebrando uma festa de casamento com Jesus em meio a uma cerimônia de recompensas, enquanto o mundo, atordoado, enfrentará desgraça após desgraça, tentando manter-se minimamente em ordem.

Pessoas como Daniel terão muita dificuldade para compreender o que aconteceu. Se eu pudesse deixar uma carta para alguém como ele, sugeriria que lesse Apocalipse 5, um dos textos mais magníficos da Bíblia e que descreve os acontecimentos que prepararão o terreno para as circunstâncias distópicas da tribulação.

Em uma visão, o apóstolo João vê Jesus, referido como "Leão da tribo de Judá" (Apocalipse 5:5), sentado no trono celestial, e Deus Pai segurando nas mãos um rolo com sete selos (Apocalipse 5:1).

Nessa visão, a principal pergunta é o que fazer com o rolo. João viu "um anjo poderoso, proclamando em alta voz: — Quem é digno de romper os selos e abrir o livro? Contudo, ninguém no céu, nem na terra, nem debaixo da terra era capaz de abrir o livro, nem olhar para ele" (Apocalipse 5:2-3).

No primeiro século, o único documento selado dessa maneira era o testamento, a última manifestação da vontade do falecido.[1] Os leitores daquela época teriam compreendido que aquele rolo se referia a uma herança. Em outras palavras, a pergunta do anjo era: "Quem é digno de receber a herança do céu, de se tornar Rei do Universo?".

Em resposta, o texto informa que não havia *ninguém, nem no céu nem na terra*.

João ouve isso e começa a chorar. "Eu chorava muito, porque ninguém foi achado digno de abrir o livro nem de olhar para ele" (Apocalipse 5:4).

Se ninguém podia abrir o rolo, ninguém podia herdar o reino. João se derrama em lágrimas ao imaginar um Universo sem rei, um céu derrotado, sem esperança, sem vitória, sem razão para viver, exceto apenas sentar e chorar. Conforme escreveu o dr. D. A. Criswell:

> As lágrimas de João representam as lágrimas de todo o povo de Deus de todas as épocas. São as lágrimas de Adão e Eva depois de contemplarem o corpo imóvel de seu filho morto, Abel, e perceberem a terrível consequência de sua rebeldia. São as lágrimas de todos os filhos de Israel que viviam na escravidão ao clamarem a Deus para que os libertasse da angústia e da servidão. São os soluços e as lágrimas extraídos do coração e da alma do povo de Deus junto ao túmulo de seus entes queridos, quando experimentavam as dores e decepções indescritíveis que a vida lhes trouxe. Foi essa maldição que o pecado trouxe para a belíssima criação de Deus. Não é de admirar que João tenha chorado tão profundamente. Se nenhum redentor pudesse ser encontrado para remover a maldição, significaria que a criação de Deus estaria para sempre destinada a permanecer nas mãos de Satanás.[2]

---

[1] David J. MacLeod, "The lion who is a lamb: an exposition of Revelation 5:1-7", Bibliotheca Sacra (jul.–set. 2007): p. 325-30, citado por Mark Hitchcock, p. 78; Amir Tsafarti, *Revealing Revelation* (Harvest Prophecy, 2022), p. 84; Charles Swindoll, *Living insights New Testament Commentary Revelation* (Tyndale House, 2014), p. 102.

[2] W. A. Criswell, *Expository sermons on Revelation* (Grand Rapids: Zondervan, 1960), p. 69-70.

Mas Jesus "se aproximou e recebeu o livro da mão direita daquele que estava assentado no trono" (Apocalipse 5:7).

Com passos firmes, Jesus caminha até o Pai e, fazendo o que ninguém mais era capaz de fazer, se apropria de sua herança. Jesus, o leão que era cordeiro, toma em suas mãos as rédeas da história humana. Ele, o comandante, o general, a única autoridade, é digno de abrir o rolo, porquanto entregou sua vida em favor do reino.

Os habitantes do céu veem Jesus pegar o rolo e irrompem em adoração. Aleluias ressoam por toda parte. Os quatro seres viventes lhe prestam culto. Os 24 anciãos lhe prestam culto. João ouve "a voz de muitos anjos, milhares de milhares e milhões de milhões" (Apocalipse 5:11).

Em coro retumbante, todos proclamam: "Digno é o Cordeiro" (v. 12).

Entretanto, nem todos estão alegres. Satanás jamais entregará seu reino a Jesus. Diante dessa rebelião, Jesus enviará julgamentos, os quais demonstrarão sua superioridade sobre Satanás e oferecerão aos habitantes de coração endurecido sobre a terra uma última oportunidade de se arrependerem. Calamidades chacoalham a terra a cada vez que Jesus abre um selo: a economia desmorona; o clima enlouquece; pessoas como Daniel enfrentam sofrimentos e desordem social.

Apesar de tudo isso, algo extremamente improvável ocorre.

Judeus se voltam para Jesus

Na visão de João, quatro anjos estão prontos para derramar a fúria do juízo divino. Contudo, um quinto anjo aparece e pede um adiamento. "Não danifiquem a terra, nem o mar, nem as árvores, até selarmos na testa os servos do nosso Deus" (Apocalipse 7:3).

Quem são esses servos? João responde: "Então, ouvi o número dos que foram selados: cento e quarenta e quatro mil, de todas as tribos de Israel" (Apocalipse 7:4).

João fornece dois detalhes importantes a respeito desses servos. Primeiro, são judeus "selados", isto é, marcados e identificados como escolhidos de Deus. Segundo, que esses "selados" são aqueles "que tinham o nome dele e o nome do Pai dele escritos na testa" (Apocalipse 14:1, NTLH). Mas quais nomes? Adonai? Iavé? Elohim? O texto não informa, mas uma coisa é certa: ter uma tatuagem com o nome de Deus nos dias do Anticristo não é coisa pouca. Em uma passagem anterior, Jesus prometeu que escreverá "nele [no vencedor] o nome do meu Deus e [...] meu novo nome" (Apocalipse 3:12). A promessa é para essas pessoas.

> "JESUS CAMINHA ATÉ O PAI E, FAZENDO O QUE NINGUÉM MAIS ERA CAPAZ DE FAZER, SE APROPRIA DE SUA HERANÇA. JESUS, O LEÃO QUE ERA CORDEIRO, TOMA EM SUAS MÃOS AS RÉDEAS DA HISTÓRIA HUMANA."

Estamos falando de um batalhão de elite formado por servos de Deus. Satanás trará fogo e enxofre sobre eles, mas não conseguirá destruí-los. Eles são invencíveis, inexoráveis. O trabalho deles também não será em vão. Logo depois de mencionar esses 144 mil, o texto cita o surgimento de uma multidão incontável, dando a entender que o trabalho desses judeus produziu uma gigantesca colheita de almas.

"Depois disso, olhei, e eis que diante de mim havia uma grande multidão que ninguém podia contar, de todas as nações, tribos, povos e línguas, em pé, diante do trono e do Cordeiro, com vestes brancas e folhas de palmeira nas mãos" (Apocalipse 7:9).

Será o momento mais grandioso para o povo judeu, porquanto esse acontecimento é parte daquela promessa de Deus de que os descendentes de Abraão seriam uma bênção para o mundo. "Por meio de você, todos os povos da terra serão abençoados" (Gênesis 12:3). Muitos corações endurecidos amolecerão quando ouvirem o evangelho de Jesus, resultando em um grande reavivamento, em cumprimento à profecia de Cristo: "E este evangelho do Reino será pregado em todo o mundo como testemunho a todas as nações; então, virá o fim" (Mateus 24:14).

Além desses 144 mil judeus evangelistas, dois homens também proclamarão Cristo. "Darei poder às minhas duas testemunhas, e elas profetizarão durante mil duzentos e sessenta dias, vestidas com pano de saco" (Apocalipse 11:3). Há quem argumente que esses dois homens são Moisés e Elias: o primeiro, um legislador; o segundo, um profeta. Ambos estiveram presentes na transfiguração de Jesus e talvez reapareçam na tribulação. Essas duas testemunhas terão o poder de transformar água em sangue (Apocalipse 11:6, o mesmo milagre que Moisés realizou em Êxodo 7) e de destruir seus inimigos com fogo (Apocalipse 11:5, semelhante a um episódio na vida de Elias em 2Reis 1).

Ambos declararão a justiça de Deus em um mundo perverso, porém na metade da tribulação serão mortos e seus corpos serão exibidos publicamente em Jerusalém. Entretanto, a morte não é páreo para o Doador da vida. Depois de três dias e meio, "entrou neles um sopro de vida da parte de Deus, e eles ficaram em pé, e um grande terror tomou conta daqueles que os observavam" (Apocalipse 11:11).

Não bastassem esses doze grupos de doze mil evangelistas e as duas testemunhas ressurretas, Deus também enviará um anjo:

> Então, vi outro anjo que voava pelo meio do céu; ele tinha o evangelho eterno para proclamar aos que habitam na terra, a toda nação, tribo, língua e povo. Esse anjo disse em alta voz: — Temam a Deus e glorifiquem-no, pois a hora do juízo dele chegou. Adorem aquele que fez os céus, a terra, o mar e as fontes das águas. (Apocalipse 14:6-7)

É uma cruzada evangelística enviada diretamente do céu! Quantas almas serão salvas? "Uma grande multidão que ninguém podia contar" (Apocalipse 7:9). Interessante. Ao longo de toda a minha vida adulta, tenho convivido com evangelistas e pregadores, e uma coisa que aprendemos em pouco tempo é calcular o número de pessoas presentes e a quantidade de batismos. Um dia, porém, ninguém será capaz de contar o número de salvos.

Entre eles, espero encontrar, pelo menos em minha imaginação, o jovem Daniel. Encerrarei o capítulo contando o final da história desse jovem. Lembra-se de que sua namorada se tornou seguidora de Cristo e desapareceu no arrebatamento? Lembra-se de que ele guardou uma caixa que seu avô cristão deixou para ele?

Não é tarde demais

Daniel sentou-se no sofá com a caixa em uma das mãos e a chave na outra. Olhou para a carta. Olhou pela janela e viu ao longe o brilho de uma cidade em chamas. Suspirou e releu a carta de seu avô. "De um momento para outro, pessoas desaparecerão e ninguém saberá explicar o que aconteceu", falou em voz baixa. "Como sabia disso Pop?"

Virou a chave e abriu a caixa. Dentro, havia uma cruz de ouro presa a uma corrente de ouro e um bilhete escrito em um bloco de nota do receituário de seu avô.

> *Daniel, agora que o caos começou, o mundo se tornará cada vez mais sombrio. Apesar disso, é* nas *noites mais escuras que a luz brilha com mais resplendor. Por favor, reflita sobre o que eu costumava dizer a você em sua juventude. Jesus é o Senhor do Universo. Ele morreu para que você possa viver com ele para sempre. Aceite o convite dele.*
>
> *Guarde essa cruz. Peço a Deus que, em um futuro próximo, você encontre judeus evangelistas. Você verá o nome de Deus gravado na testa deles. Quando os vir, pense nesta carta. Os evangelistas são a resposta às nossas orações por você.*

Daniel olhou para a cruz, depois para a carta, e guardou ambas no bolso. Em outros tempos, teria considerado as palavras de seu avô pura bobagem. Não mais. Não depois do que vira.

Exatamente como advertiu seu avô, o mundo começou a se transformar em um lugar frio e raivoso. Todos os males que poderiam acontecer realmente aconteciam. O governo dos Estados Unidos, até então um farol de esperança, colapsou. A economia cedeu ao socialismo. Pandemias assolavam todos os continentes.

Com muito custo, Daniel retornou à casa de seus avós. Exceto em relação a alguns vizinhos mais próximos, evitava contato com outras pessoas. O sítio de seu avô tinha um poço, uma horta e um gerador. E assim Daniel conseguiu sobreviver e escapar das calamidades.

Encontrou na casa vários exemplares da Bíblia. Leu e releu a história da vida de Cristo, a cruz, o túmulo vazio. Também leu Apocalipse e percebeu que estava vivendo aquela narrativa em tempo real.

Certo dia, um desconhecido bateu à porta. Daniel soube de imediato quem era. O homem tinha uma cruz de Cristo pendurada no pescoço e o nome de Deus gravado na testa. Quando o viu, Daniel tirou do bolso a corrente com a cruz que seu avô lhe deixara e a colocou no pescoço.

CAPÍTULO 12

AS COROAS E O CARMESIM

As pessoas amam o "Jesus na manjedoura". A imagem do bebê Jesus em Belém toca nosso coração. Todo mês de dezembro recriamos esse episódio em nossos gramados e debaixo de nossas árvores de Natal. Jumentinhos de plástico e manjedouras enchem as prateleiras das lojas. Alguns colecionam peças entalhadas de Maria, José e do bebê recém-nascido.

Simplesmente amamos Cristo na manjedoura.

Também não temos problema nenhum com Cristo em seu papel de Messias adorável, com crianças sentadas em seu colo, ovelhas pastando ao redor, o apóstolo João reclinado em seu peito, Maria ungindo seus pés. Da mesma forma, ninguém tem problema com um rabino aprazível que oferece conselhos sábios, alimenta multidões e multiplica vinho em festas de casamento.

Cristo na manjedoura? Maravilhoso! Cristo bonzinho? Esplêndido! Agora, Cristo como rei vindouro, montado em um cavalo de guerra rugindo pelo céu? Coroado com as coroas de seus inimigos? Com a missão de destruir aqueles que matam seus filhos?

O mundo está pouco familiarizado com esse aspecto de Jesus. Entretanto, é justamente esse Jesus que o mundo conhecerá em breve.

Nosso Rei vindouro

"Vi os céus abertos, e eis que diante de mim havia um cavalo branco, cujo cavaleiro se chama Fiel e Verdadeiro" (Apocalipse 19:11).

Com essas palavras, o apóstolo João inicia uma descrição cinematográfica do retorno de Jesus ao planeta Terra. A essa altura da história, a igreja já estará arrebatada, recompensada e casada com Jesus. Já estaremos em nosso corpo glorificado, reunidos com nossos entes queridos e os heróis da fé e conversando com nosso Redentor face a face, e não mais por meio da fé.

Nesse ínterim, os habitantes da terra sofrerão sete anos de fome, guerras, pandemias e tumultos. Um governante perverso exigirá adoração para si e desafiará o Senhor. Contudo, Deus continuará salvando almas até mesmo em meio ao caos apocalíptico. Um anjo, duas testemunhas e 144 mil judeus evangelistas causarão um reavivamento global.

A Biblioteca do Congresso em Washington, D.C., tem uma placa com a seguinte frase: "Um Deus, uma lei, um fundamento e um longínquo acontecimento divino para o qual toda a criação se move".[1] A expressão "longínquo acontecimento divino" se refere ao retorno de Jesus. Toda a história (detalhes, personagens, antagonistas, heróis e tramas secundárias) caminha nessa direção. A história de Deus nos conduz a uma coroação pela qual a natureza inteira aguarda. "Ele foi supremo no princípio e, abrindo a vitória da ressurreição, será supremo no fim" (Colossenses 1:18, *A Mensagem*).

Esse é o ponto central das profecias e o tema predominante nas Escrituras. Conforme orou o profeta Isaías: "Ah, se rompesses os céus e descesses!" (Isaías 64:1), e o salmista concordou: "Abre, Senhor, os teus céus e desce; toca os montes para que fumeguem" (Salmos 144:5). Paulo escreveu a respeito da "bendita esperança: a gloriosa manifestação do nosso Deus e Salvador, Jesus Cristo" (Tito 2:13).

Como águas de um rio caudaloso, assim a Escritura transborda ao falar sobre o retorno de Cristo: "eu [...] voltarei", garantiu Jesus a seus discípulos entristecidos (João 14:3). Depois de Jesus subir ao céu, um anjo falou aos espectadores que "[Jesus] voltará da mesma forma que o viram subir" (Atos 1:11). Paulo se referiu à "manifestação de nosso Senhor Jesus Cristo" (1Timóteo 6:14). Pedro declarou que "o dia do Senhor, porém, virá" (2Pedro 3:10) e Judas anunciou: "Vejam, eis que o Senhor vem com os seus milhares de milhares de santos" (Judas 1:14).

A Bíblia menciona a segunda vinda de Cristo mais de trezentas vezes. Ou seja, em média, uma vez a cada 25 versículos.[2]

[1]Lord Alfred Tennyson, "In Memoriam A. H. H.", canto 131 (1850).

[2]John Blanchard, *Whatever happened to hell?* (Crossway Books), p. 93.

"A BÍBLIA MENCIONA A SEGUNDA VINDA DE CRISTO MAIS DE TREZENTAS VEZES. OU SEJA, EM MÉDIA UMA VEZ A CADA 25 VERSÍCULOS."

Eis como Jesus a descreve:

> Então, ocorrerá a vinda do Filho do Homem em grande estilo! Seu esplendor encherá os céus — ninguém deixará de ver! Pessoas desprevenidas de todo o mundo começarão a chorar diante do esplendor do Filho do Homem no céu. Ao mesmo tempo, ele enviará seus anjos, que, com um toque de trombeta, convocarão os escolhidos de Deus espalhados pelos quatro cantos da terra, desde os lugares mais distantes (Mateus 24:30-31, *A Mensagem*).

Jesus recheia o parágrafo com raios e pontos de exclamação. Observe as expressões: "encherá os céus", "começarão a chorar", "esplendor do Filho do Homem". É como se todos os maiores acontecimentos da história se combinassem em um único momento: o tsunami de 2004, o Dia da Vitória na Segunda Guerra Mundial, a Peste Negra, os Prêmios Nobel, a queda do muro de Berlim, a erupção do monte Vesúvio, a bomba atômica lançada pelo bombardeiro Enola Gay, a descoberta da penicilina... tudo em um segundo. Tudo de melhor e de pior, tudo o que poderia ter acontecido e tudo o que realmente aconteceu em um único momento.

A visão de João sobre o retorno de Cristo faz o coração bater mais rápido. (Se você tem problema de coração, tome um comprimido de nitroglicerina.) Ele viu "o céu aberto" (Apocalipse 19:11) como se fosse uma enorme folha de papel azul rasgada ao meio. Em seguida, viu Jesus em um cavalo branco (Apocalipse 19:11). No primeiro século, era comum que reis vitoriosos retornassem de uma batalha montando um cavalo de guerra branco. Jesus retornará absolutamente vitorioso.

Além disso, virá com "muitas coroas" em sua cabeça (19:12). Na antiguidade, o rei que conquistava seu inimigo usava a coroa do monarca derrotado. Jesus descerá vestido com as coroas de todos os reis. Em Apocalipse 12, Satanás tem sete coroas na cabeça. Em Apocalipse 13, o Anticristo tem dez. Ao final, porém, nem Satanás nem o Anticristo, nem demônios, terão coroa alguma. Ditadores e oligarcas, também não. Será o maior descoroamento da história. Somente Cristo será coroado.

Jesus retornará exatamente ao mesmo lugar de onde subiu ao céu, no monte das Oliveiras, em cumprimento à profecia de Zacarias e à promessa do anjo. "Naquele dia, os seus pés estarão sobre o monte das Oliveiras" (Zacarias 14:4), escreveu Zacarias. Depois que Jesus subiu ao céu no monte das Oliveiras, o anjo disse aos discípulos que Jesus "voltará da mesma forma que o viram subir" (Atos 1:11).

Os olhos de Jesus parecerão "chamas de fogo" (Apocalipse 19:12). Ele verá tudo. Nenhum esconderijo na terra e nenhum recôndito do coração lhe serão ocultos. Ele vestirá "um manto tingido de sangue" (Apocalipse 19:13). A cor carmesim é uma prova e uma lembrança de que "Cristo nos redimiu" com seu sangue (Gálatas 3:13). Ele tem todo o direito de herdar o reino, porquanto comprou-o em nosso favor. Ele é "o Cordeiro que foi morto desde a criação do mundo" (Apocalipse 13:8).

Cavalo branco, coroas, olhos flamejantes, manto ensanguentado. Não estamos mais falando de um bebê fofinho, mas de um Rei poderoso e cheio de ira. Observe a linguagem militar: "Ele julga e guerreia" (Apocalipse 19:11) e "Da sua boca sai uma espada afiada, com a qual ferirá as nações" (Apocalipse 19:15).

Nosso Rei vitorioso

Quem são essas nações e o que fizeram para merecer esse súbito ataque divino? São povos perversos e obscenos que sacudiram o punho contra Jesus e fecharam o coração para Deus e seu reino.

A epístola de Judas esclarece um pouco mais a situação: "Vejam, eis que o Senhor vem com os seus milhares de milhares de santos para julgar todos e convencer cada um dos ímpios a respeito de todos os atos de impiedade que eles cometeram impiamente e acerca de todas as palavras insolentes que os pecadores ímpios falaram contra ele" (Judas 1:14-15).

A palavra "ímpios" aparece quatro vezes nessa passagem. Jesus acertará as contas com todos que se rebelaram contra ele.

Poderiam ter se arrependido antes da tribulação, porquanto Deus falou por meio das maravilhas do Universo e das palavras em sua Escritura. Também poderiam ter se arrependido depois do arrebatamento, em razão do sinal espetacular do sumiço da igreja, mas não se deixaram persuadir. Não bastasse isso, poderiam ter se arrependido a qualquer momento ao longo dos sete anos da tribulação, mas "nem assim se arrependeu das obras das suas mãos; eles não pararam de adorar os demônios e os ídolos [...] Também não se arrependeram dos seus assassinatos, das suas feitiçarias, da sua imoralidade sexual e dos seus roubos" (Apocalipse 9:20-21). Não há dúvida de que ouviram a mensagem dos 144 mil evangelistas, das duas testemunhas e do anjo que saiu pregando o evangelho. Grandes multidões ouviram e creram, porém outras tantas ouviram e simplesmente ignoraram.

Quem são esses rebeldes? São os reis do mundo que se reuniram para a batalha do Armagedom (Apocalipse 16:12-16) a fim de guerrear contra Jesus (Apocalipse 17:14). "Vi a besta, os reis da terra e os seus exércitos reunidos para guerrearem contra aquele que está montado no cavalo e contra o seu exército" (Apocalipse 19:19).

É preciso deixar bem claro que o texto não está se referindo a pessoas que desejam conhecer Jesus, mas ainda passam por um conflito de alma. Não são pessoas que querem seguir Jesus, mas ainda tropeçam. Ao contrário, são rebeldes pervertidos até os ossos que escolheram Satanás em vez da salvação. Blasfemam contra Deus e matam inocentes. Curvam-se perante o Anticristo e voltam as costas para o Cristo vivo. Todos esses ímpios se reuniram com a ideia absurda de que são mais poderosos do que Jesus.

O Rei descerá para lhes revelar a verdade.

E você e eu veremos tudo isso presencialmente. Sim, é isso mesmo. "Os exércitos dos céus o seguiam, vestidos de linho fino, branco e puro, e montados em cavalos brancos" (Apocalipse 19:14).

Esse versículo se refere a você, a mim e à igreja, a noiva de Cristo em seu vestido de casamento. Prepare-se, pois desceremos cavalgando com nosso Rei.

Uma canção *gospel* começa com a seguinte frase: "Quero uma passagem só de ida para o céu. Voltar para cá, isso não desejo mais".[3] Aprecio

[3] "I want a one ticket to heaven," CD de áudio, faixa 4: Roy C, *Let's go back to God*, CD Baby, 2012.

a ideia, mas está incorreta. Temos uma passagem de ida e volta para o céu. Sim, subiremos para nosso casamento e recompensas, porém retornaremos para a batalha final. "O Senhor vem com os seus milhares de milhares de santos" (Judas 1:14).

Mas não se preocupe, pois não participaremos da batalha. Embora façamos parte do exército, não lutaremos contra o inimigo. Essa missão cabe ao nosso General Jesus Cristo, que, com uma única arma, eliminará todos os que se opõem a ele. Serão mortos "pela espada do Cavaleiro, a espada que vem de sua boca" (Apocalipse 19:21, *A Mensagem*). Bastará uma palavra de Jesus e todos os ímpios serão destruídos, como naquela ocasião em que falou com a figueira, e ela morreu; com a tempestade, e ela se acalmou; com uma legião de demônios, e eles fugiram; com um escravo que perecia e foi curado. Sim, bastará uma única palavra para destruir as nações.

Essa guerra não será demorada. Nada de ataque e contra-ataque. A vitória de Jesus será rápida. Ele lançará o falso profeta e o Anticristo no lago de fogo (Apocalipse 19:20) e Deus chamará as aves do céu para se fartarem com os mortos em uma carnificina chamada "o grande banquete de Deus" (Apocalipse 19:17).

E assim a tribulação chegará ao fim, a terra será limpa e purificada, e a coroação de Cristo terá início, na qual ele fará jus ao nome escrito em sua coxa: "REI DOS REIS E SENHOR DOS SENHORES" (Apocalipse 19:16).

O que faremos com essa profecia impressionante? Como assimilá-la? Sugiro que a levemos muito a sério.

Nosso Rei convincente

Em maio de 1942, o general Douglas MacArthur, comandante das Forças Aliadas do Sul do Pacífico, fez uma promessa ao povo das Filipinas. Após soldados americanos e filipinos se verem obrigados a se render aos invasores japoneses, MacArthur garantiu que retornaria e ordenou que fossem espalhados sobre as ilhas panfletos com as palavras "eu voltarei". Ele cumpriu sua promessa e retornou. Em julho de 1945, os filipinos foram libertados e, um mês depois, a Segunda Guerra Mundial chegava ao fim.[4]

[4]Blanchard, *Whatever happened to hell?*, p. 93.

Cristo fez mais do que espalhar panfletos. Ele encarnou, sendo gerado no ventre de uma camponesa judia; percorreu estradas empoeiradas de nosso mundo; morreu como se fosse um pecador, mas ressuscitou como Salvador; prometeu repetidas vezes que retornaria; e retornará com todas as coroas vestindo um manto carmesim. A segunda vinda de Cristo será bem diferente da primeira.

A primeira diz respeito à salvação, porém a segunda diz respeito à coroação. Na primeira vez, Jesus veio buscar e salvar, mas na segunda virá para governar e reinar. Em sua primeira vinda, foi julgado injustamente por perversos. Na segunda, julgará os perversos com justiça. Na primeira vez, seus olhos verteram lágrimas sobre o túmulo de Lázaro. Mas, quando retornar, seus olhos flamejarão com fogo. Soldados o vestiram com uma coroa de espinhos. Porém, retornará com todas as coroas da história. Foi escarnecido em sua primeira vinda, mas todos se curvarão diante dele quando retornar.

"Para que ao nome de Jesus todo joelho se dobre nos céus, na terra e debaixo da terra, e toda língua confesse que Jesus Cristo é o Senhor, para a glória de Deus Pai" (Filipenses 2:10-11).

O US Census Bureau estima que 106 bilhões de pessoas nasceram desde o início da humanidade.[5] Cada uma delas se curvará diante de Jesus.

Quem se curvará?

Todos *no céu*: Moisés; Maria; meu irmão mais velho; sua avó... Enfim, todos os cidadãos do paraíso.

Todos *na terra*, inclusive todas as almas salvas e todos os perdidos durante a tribulação. Os demônios que rondam a terra também se sujeitarão, embora de má vontade. Em contrapartida, os anjos que protegem a terra se curvarão com alegria.

Por fim, todos *debaixo da terra*. Até o Hades fará um culto de adoração: o rico que ignorou Lázaro; Judas, traidor de Jesus; Acabe e Jezabel, que procuraram matar Elias; Hamã, que tramou o primeiro Holocausto. Todos se curvarão diante de Cristo.

Esse acontecimento extraordinário traz à mente uma pergunta. Cientes de que todos nós nos ajoelharemos diante dele naquele dia, como

---

[5] As estimativas variam muito. A cifra de 106 bilhões aparece em www.peopleandplanet.net/doc.php?id=1820.

devemos viver hoje? O retorno de Cristo não deveria inspirar nossa adoração? Estimular nossa obediência?

Os soldados que vigiam o Túmulo do Soldado Desconhecido no Cemitério Nacional de Arlington são um exemplo de disposição e fidelidade: dedicam oito horas para preparar seus uniformes, vestem luvas úmidas para segurar seus rifles com maior aderência e o salto de seus sapatos conta com um reforço especial, com a finalidade de ressoar ao baterem os calcanhares. Eles repetem sempre o mesmo ritual (21 passos, uma pausa de 21 segundos, transferência do rifle para o outro ombro, outros 21 passos) até serem substituídos na troca da guarda.

> "CIENTES DE QUE TODOS NÓS NOS AJOELHAREMOS DIANTE DELE NAQUELE DIA, COMO DEVEMOS VIVER HOJE?"

No verão, cada soldado permanece de guarda por trinta minutos. No inverno, são sessenta minutos. Eles cumprem sua função tanto no calor de agosto como no frio de janeiro. A rotina nunca muda, mesmo durante a noite, período em que o cemitério fecha. Jamais interromperam o serviço, nem mesmo quando, em 2003, o furacão Isabel passou pela região derrubando árvores.

Eles se empenham nesse serviço todos os dias desde 1921.[6]

Extraordinário.

Ora, se eles são capazes de demonstrar tanta lealdade a um soldado morto, não devemos fazer o mesmo por nosso vivo e vindouro Rei soberano? Se essas sentinelas se dispõem a tamanha homenagem àqueles que se sacrificaram, não devemos fazer muito mais por aquele que ofereceu o maior sacrifício de todos? Somos soldados de seu batalhão, combatentes de seu regimento, e algum dia retornaremos com ele. Não deveríamos servir-lhe hoje mesmo?

[6]James Hamilton, Jr., *Revelation: the Spirit speaks to the churches preaching the Word* (Wheaton: Crossway, 2012), p. 355.

Falando mais francamente, o que você pode fazer hoje para honrar seu Rei? Uma boa ação? Talvez perdoar alguma afronta? Resistir a uma tentação? Contribuir com alguma obra? Ser mais disciplinado em alguma área de sua vida? Fazer algum sacrifício? Realizar algum ato de amor?

Sejamos dignos do chamado que recebemos: de servir como soldados no exército do retorno do Rei dos reis.

O Cristo da manjedoura é, hoje, o Cristo coroado que retornará em breve.

CAPÍTULO 13

DEUS RESTAURARÁ SEU JARDIM

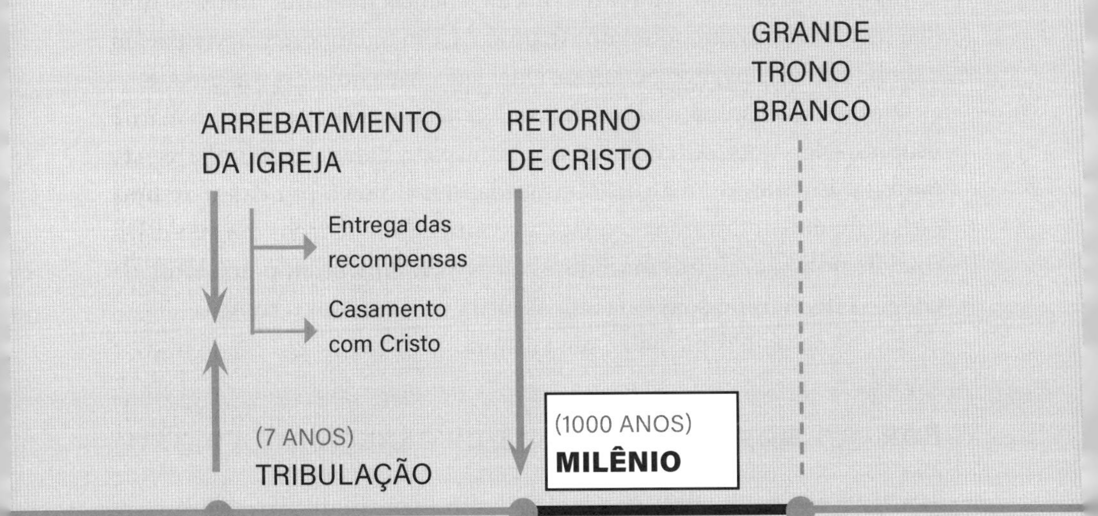

Em busca de utopia, peguei o carro e fui à cidade de Utopia. É uma viagem curta e agradável. Basta pegar a rodovia 90 a partir de San Antonio e, em pouco tempo, chega-se à Utopia, uma cidade com 227 habitantes situada no Texas.

Fui à cidade de Utopia fazer uma pesquisa para este capítulo. Conversei com meia dúzia de pessoas, todas amistosas como um dia de céu azul. Duas trabalham em uma loja de rações para animais. Outra é gerente de um posto de gasolina. Conversei com duas senhoras em um restaurante, uma atendente e a outra, proprietária. Todos se dispuseram de bom grado a responder à seguinte pergunta: "Como a cidade veio a se chamar Utopia?". (A resposta mais convicta que ouvi: um oficial do correio alterou o nome da cidade em 1880, na esperança de atrair mais habitantes.)

O termo "utopia" foi criado mais de quinhentos anos atrás pelo filósofo católico Thomas More para se referir a uma fictícia sociedade idílica de uma ilha remota em algum ponto do Atlântico. Com o tempo, a palavra passou a simbolizar um lugar de perfeição, igualdade, harmonia e prosperidade.

Nesse caso, posso dizer com toda a convicção que Utopia não é utópica. Não quero ofender, mas é fato que a cidade está longe de ser perfeita. Encontrei uma rua esburacada, um rio seco por causa de uma estiagem, árvores murchas, uma casa caindo aos pedaços em um claro sinal de pobreza, alguns moradores antigos se lamentando por causa da chegada de mais pessoas e da alta absurda no valor dos terrenos.

Como se vê, Utopia não é uma utopia.

Por que nosso mundo está de cabeça para baixo

Todos os seres humanos anseiam por um lugar de justiça, segurança, decência e bondade, por paz na terra e boa vontade para com os homens. Não estamos satisfeitos. Ansiamos por uma utopia.

Algum dia o mundo chegará lá? Haveria um governo capaz de acabar com a corrupção, o crime e a ganância, e implantar uma Utopia de verdade? Temo que não. Podemos escrever Utopia com letras bonitas em uma placa, porém a humanidade jamais criará uma sociedade perfeita. Tenho absoluta certeza disso. Sabe por quê?

Satanás está rondando. Satanás não é um termo para se referir à presença do mal. Satanás é a própria personificação do mal. É um ser que almeja, mais do que qualquer coisa, nos fazer infelizes. "O Diabo, o adversário de vocês, ronda como um leão, rugindo e procurando a quem devorar" (1Pedro 5:8).

O Diabo engana, rouba e destrói. Enquanto ele andar livremente por aí, será impossível termos uma utopia.

Outro motivo: *Jesus não é bem-vindo.* A maioria dos seres humanos não quer saber de Jesus. Querem os benefícios que Jesus oferece: bondade, inclusão, perdão e as bênçãos do reino. Mas um rei? Uma autoridade absoluta? Alguém que tenha a última palavra em nossa vida? Aí a coisa muda de figura. Apenas 39% dos americanos afirmam ler pelo menos algumas porções da Bíblia mais de uma vez ao ano. Somente 10% afirmam ler a Bíblia todos os dias.[1]

Em outras palavras, Cristo é raramente consultado. Suas palavras são irrelevantes para a maioria das pessoas. Não ouvimos Jesus em nossos lares, em nossas escolas e nem mesmo em nossas igrejas.

No momento, o mundo é um reino sem rei. Jesus tem toda a autoridade no céu e na terra (Mateus 28:18), mas bilhões de rebeldes se opõem ao seu direito de governar. Essa turma faz parte de um complô infernal com o objetivo de dar um golpe. A oração do Pai-Nosso: "Venha o teu Reino; seja feita a tua vontade" (Mateus 6:10) está sendo efetivada no coração do cristão, porém ainda não plenamente na sociedade. Consequentemente, a utopia não passa de um sonho.

Satanás está solto.

Jesus não é bem-vindo.

Mais uma coisa: *nossos governantes são injustos.* O mundo é governado por pecadores. Para cada ser humano bom, justo e decente em

[1] *State of the Bible: USA 2022*, American Bible Society, on Scripture engagement. Disponível em: https://scripture-engagement.org/content/state-of-the-bible-usa-2022/.

posição de autoridade, existem dezenas que buscam somente seus próprios interesses. Que esperança temos de estabelecer uma utopia quando nossos governantes oprimem os fracos, se apropriam indevidamente dos recursos do Estado ou ocultam a verdade? Como nós, eles também estão muito aquém dos padrões de Deus. Ora, governantes injustos não podem governar com equidade.

Que esperança temos, portanto? O planeta alcançará uma era de fartura? A terra continuará gemendo sob o peso do pecado e da influência de Satanás?

O DIA EM QUE O MUNDO SERÁ RESTAURADO

O capítulo 20 do livro de Apocalipse traz uma resposta surpreendente e poderosa. João previu um período de mil anos de paz e prosperidade globais. Satanás será preso e encarcerado, Jesus será entronizado e adorado, e nós, os santos remidos, cumpriremos a missão que recebemos no Éden e reinaremos com ele como governantes justos na terra.

Apocalipse 19 descreve o retorno de Jesus com seu séquito de anjos e santos. Cristo descerá em fúria ardente e exterminará os campeões da tribulação: a besta, o falso profeta e o exército dos perversos. O último a entrar em cena será Satanás, que, por séculos, nos oprimiu como "deus desta era" (2Coríntios 4:4) e "príncipe do poder do ar" (Efésios 2:2). Entretanto, o retorno de Jesus inaugurará a prisão do Diabo.

"Vi descer do céu um anjo que trazia na mão a chave do abismo e uma grande corrente" (Apocalipse 20:1).

Não é a primeira referência ao "abismo" na revelação de João. Antes disso, o apóstolo havia descrito um anjo caído que recebeu uma chave, abriu o abismo e libertou todo o tipo de demônios (Apocalipse 9:1-11). Agora, ocorrerá exatamente o oposto.

"[O anjo] prendeu o dragão, a antiga serpente, que é o Diabo, Satanás, e o acorrentou por mil anos. Lançou-o no abismo, fechou-o e pôs um selo sobre ele, para, assim, impedi-lo de enganar as nações, até que se completassem os mil anos. Depois disso, é necessário que ele seja solto por um pouco de tempo" (Apocalipse 20:2-3).

Vi desfiladeiros, precipícios, falésias e cânions, mas jamais um abismo sem fundo. Entretanto, é justamente o que aguarda Lúcifer, o anjo caído que seguirá em uma queda eterna, esperneando e rodopiando sem jamais chegar ao fundo.

Depois de séculos causando devastações; após dois testamentos repletos de racismo, misoginia e conflitos; depois de dores, derramamento de sangue e sofrimento mental e emocional impossíveis de descrever, enfim Satanás será tirado de cena.

Imagine nosso mundo sem desespero, sem medo, sem depressão, sem dissimulação, sem enfermidades ou divisões. Satanás permanecerá preso e isolado do mundo por dez séculos maravilhosos. Encarcerado, sim, mas ainda não atirado ao inferno. De um modo enigmático, João escreve: "[O anjo] fechou-o e pôs um selo sobre ele, para, assim, impedi-lo de enganar as nações, até que se completassem os mil anos. Depois disso, é necessário que ele seja solto por um pouco de tempo" (Apocalipse 20:3).

Por que Satanás precisa ser solto? Antes de responder, João prossegue descrevendo sua visão: "Vi tronos nos quais se sentaram aqueles a quem havia sido dada autoridade para julgar" (Apocalipse 20:4).

A passagem está falando de nós, resgatados, arrebatados, recompensados, casados e agora com "autoridade para julgar"! Adão e Eva receberam essa incumbência, porém abdicaram do trono. Agora nós, seus descendentes, cumpriremos nosso papel de coerdeiros de Cristo no reino.

Aqueles que se converteram durante a tribulação também participarão. "Vi as almas dos que foram decapitados por causa do testemunho de Jesus e da palavra de Deus. Eles não tinham adorado a besta nem a sua imagem, tampouco tinham recebido a sua marca na testa ou nas mãos" (Apocalipse 20:4).

A tribulação será terrível, mas resultará em um reavivamento tão grande a ponto de ser impossível contar as almas dos que serão salvos. Esses soldados da resistência celestial serão mártires ou sobreviventes. Se sobreviventes, entrarão no milênio em seu corpo mortal. Se mártires, isto é, todos os convertidos que morreram durante a guerra de Satanás, ressuscitarão e governarão com Cristo.

E assim, juntos, reinaremos e governaremos "com Cristo durante mil anos" (Apocalipse 20:4).

Sublinhe e desenhe um círculo ao redor dessas duas palavras: "com Cristo". Cristo tomará posse de seu trono, governará a terra e, assim, cumprirá sua aliança com Davi. "Quanto a você, a sua casa e o seu reino permanecerão para sempre diante de mim; o seu trono será estabelecido para sempre" (2Samuel 7:16).

O trono de Davi estava em Jerusalém. Consequentemente, o trono terreno de Jesus também estará em Jerusalém. Conforme falou o anjo Gabriel a Maria: "Ele será grande e será chamado Filho do Altíssimo. O Senhor Deus lhe dará o trono de Davi, o seu pai" (Lucas 1:32).

Preste atenção: Jesus reinará e governará sobre a terra; nós, arrebatados, recompensados e casados, reinaremos e governaremos com ele; também os santos da tribulação reinarão e governarão com ele.

Entretanto, reinaremos sobre quem? Quem serão nossos súditos? Lembre-se de que muitos morrerão durante a tribulação, porém outros tantos sobreviverão. Nesse último grupo estão inclusos os 144 mil judeus evangelistas e seus convertidos. Esse remanescente, ainda em um corpo mortal, repovoará o reino terreno de Deus. É sobre esses que governaremos.

Então, aqueles três empecilhos para nossa utopia serão revertidos.

Hoje Satanás está rondando, mas no milênio *estará preso*.

Hoje Jesus não é bem-vindo, mas no milênio *será entronizado*.

Hoje a terra é governada por injustos, mas no milênio *governantes justos reinarão*.

Enfim, a utopia, o fim de todos os conflitos. "Lobos e ovelhas viverão em paz, leopardos e cabritinhos descansarão juntos." (Isaías 11:6, NTLH). A natureza estará em harmonia. Ursos não atacarão, tubarões não morderão.

E as nações não recorrerão à violência, porquanto "[o Senhor] julgará entre os povos e resolverá contendas entre as muitas nações. Das suas espadas elas farão enxadas, e das suas lanças, foices. Nenhuma nação erguerá a espada contra outra, nem aprenderão mais a guerra" (Isaías 2:4).

Aqueles que continuarem em seu corpo mortal terão vida longa. "Nunca mais haverá nela uma criança que viva poucos dias e um idoso que não complete os seus anos de idade; quem morrer aos cem anos ainda será jovem" (Isaías 65:20).

Nosso mundo enlouquecido será enfim restaurado: os rejeitados serão respeitados, os escravizados reinarão, os deficientes e os enfermos receberão um corpo aperfeiçoado e glorificado, bilhões de vitimados por tiranos cruéis reinarão com justiça, fetos abortados e descartados por conveniência serão recompensados e admirados. E todos servirão diante de Jesus.

As quatro alianças de Deus serão cumpridas conforme nos foi prometido.

- Para o Éden: os filhos de Deus reinarão sobre a criação.
- Para Abraão: Israel receberá sua terra.
- Para Davi: seu trono receberá um rei.
- Para Jeremias: o povo experimentará renovação espiritual.

Parece o céu, o final perfeito, a conclusão magnífica da história de Deus: o Senhor em seu jardim e seus filhos perfeitos reinando com ele em um planeta perfeito.

Então, uma surpresa. Lembra-se daquele parêntese a respeito de Satanás? "Depois disso, é necessário que ele seja solto por um pouco de tempo" (Apocalipse 20:3).

Eis o que João descreve em seguida.

> "NOSSO MUNDO ENLOUQUECIDO SERÁ ENFIM RESTAURADO: OS REJEITADOS SERÃO RESPEITADOS, OS ESCRAVIZADOS REINARÃO, OS DEFICIENTES E OS ENFERMOS RECEBERÃO UM CORPO APERFEIÇOADO E GLORIFICADO."

> Quando os mil anos terminarem, Satanás poderá sair da sua prisão. E ele sairá para enganar as nações do mundo e reuni-las para a batalha, juntamente com Gogue e Magogue — uma tropa poderosa, inumerável como a areia da praia. Subirão pela vasta planície da terra e cercarão o povo de Deus e a querida cidade de Jerusalém por todos os lados. Mas vai jorrar fogo do Deus do céu sobre os exércitos atacantes, e os consumirá (Apocalipse 20:7-9, BV).

Satanás, depois de solto por um breve período, recrutará um exército de rebeldes. Quem ousará enfrentar o rei Jesus? "Gogue e Magogue", expressão bíblica para se referir aos inimigos de Deus que habitam regiões distantes (Ezequiel 38—39; Apocalipse 20:8). São pessoas que vivem geograficamente muito distantes de Jesus e que vieram muitas gerações após a tribulação: distantes de Jesus e da história da humanidade.

Alvos fáceis para Satanás.

Apesar disso, não haverá guerra. Conforme previu João: "As nações marcharam por toda a superfície da terra e cercaram o acampamento dos santos, a cidade amada. Um fogo, porém, desceu do céu e as devorou" (Apocalipse 20:9).

A batalha terminará antes mesmo de começar. Satanás será lançado no lago de fogo e lá permanecerá para sempre em tormento eterno.

Tragicamente, não estará sozinho. Em sua revelação, João descreve a vinda de outro acontecimento dramático: o julgamento dos perversos. Antes de prosseguirmos, porém, gostaria de encerrar nosso assunto a respeito do milênio com a seguinte pergunta: O que essa era milenar nos ensina?

Mensagens do milênio

Tenho dois pontos para refletirmos.

Não devemos subestimar a depravação humana. Nem mesmo mil anos de paz e prosperidade serão capazes de purificar o coração humano de sua natureza egoísta. Satanás encontrará pessoas dispostas a segui-lo voluntariamente.

Quem são elas? De onde vêm? Como é possível cair nessa tentação em um mundo perfeito?

Durante o milênio, dois tipos de pessoas coexistirão: aquelas em corpo glorificado e outras em corpo mortal. Os santos glorificados já foram redimidos no arrebatamento ou ressuscitados depois da tribulação. O restante será formado por pessoas salvas durante a tribulação. Estas entrarão no milênio com seu corpo mortal, terão uma vida longa e maravilhosa e gerarão filhos (Isaías 65:20). Apesar disso, ainda têm uma natureza pecaminosa. Mas, em razão de Satanás estar preso e da presença física do Senhor Jesus na terra, não serão tentadas a pecar.

O caráter de Satanás, porém, não mudou em seu período na prisão. Depois de solto no final do milênio, sairá imediatamente para "roubar, matar e destruir" (João 10:10).

Por mais difícil que seja imaginar, o Diabo não estará sozinho. Da mesma forma que Adão e Eva pecaram em um paraíso perfeito, multidões farão o mesmo no final do milênio. Satanás recrutará um exército imenso "como a areia do mar" (Apocalipse 20:8), com o propósito de derrubar Jesus. A atitude dessas pessoas eliminará toda e qualquer dúvida a respeito da natureza pecaminosa do ser humano.

Até mesmo em mundos utópicos, no jardim do Éden ou na era dourada do milênio, Satanás encontrará pessoas dispostas a segui-lo. Precisamos de justiça celestial. Precisamos de um Salvador. Quando entrarmos no céu em nossa forma final, estaremos plenamente cientes de que teremos chegado ali somente pela graça de Deus. Não, caro leitor, não podemos subestimar a depravação do ser humano.

Mas também não somos capazes de superestimar a soberania de Deus.

Deus fará o que se propôs a fazer. As primeiras páginas da Bíblia declaram suas intenções:

> Assim Deus criou os seres humanos; ele os criou parecidos com Deus. Ele os criou homem e mulher e os abençoou, dizendo: —Tenham muitos e muitos filhos; espalhem-se por toda a terra e a dominem. E tenham poder sobre os peixes do mar, sobre as aves que voam no ar e sobre os animais que se arrastam pelo chão. (Gênesis 1:27-28, NTLH)

O plano de Deus era, desde o início, formar um paraíso repleto de seres humanos e administrado por seus filhos. Nossos antepassados tropeçaram, mas a determinação de Deus não enfraqueceu em nenhum momento. Adão e Eva se afastaram de Deus, mas Deus nunca se afastou de nós. O paraíso perdido em Gênesis foi substituído pelo paraíso renovado em Apocalipse.

Tudo que Deus fala acontece.

Porventura não precisamos nos lembrar de que Deus está no controle hoje? Não precisamos ter certeza de sua mão firme conduzindo a humanidade? Não precisamos ouvir, vez após vez, a história do plano e do propósito de Deus?

> "ADÃO E EVA SE AFASTARAM DE DEUS, MAS DEUS NUNCA SE AFASTOU DE NÓS. O PARAÍSO PERDIDO EM GÊNESIS FOI SUBSTITUÍDO PELO PARAÍSO RENOVADO EM APOCALIPSE."

A providência de Deus pode ser percebida na história de Beckham, um menino com menos de três anos que foi encontrado vagando pelas ruas de Burundi à procura de alimento e levado para um orfanato. Pouco tempo depois, Beckham foi adotado por uma mulher do noroeste dos Estados Unidos. Embora bem-intencionada, a mulher não conseguiu cuidar dele e, dois anos depois, notificou a agência de adoção acerca de sua incapacidade de suprir as necessidades da criança. Era necessário encontrar uma nova família.

Uma notificação chamada "segunda oportunidade de adoção" foi enviada a famílias e agências de todo o país: "Um lindo garoto precisa de uma família que lhe dê um lar e supra suas necessidades". Maegan e seu marido, que já tinham dois filhos e estavam pedindo a Deus um terceiro, receberam a notificação e entraram em contato com a agência. Uma lei estadual exigia que a família passasse uma semana com o pequeno Beckham, para avaliar a compatibilidade. Eles aceitaram de bom grado e foram buscar o menino no local onde se encontrava, uma casa de praia em Oregon. Foi uma semana maravilhosa de risadas, brincadeiras e muita alegria. Na última noite, Thomas, o pai, mencionou que a viagem estava chegando ao fim e, no dia seguinte, todos retornariam para casa.

Durante a noite, quando todo mundo já estava deitado, Maegan e Thomas ouviram Beckham chorando no quarto dele e correram para perguntar o que havia acontecido. O menino não conseguia responder. Perguntaram novamente, e ele, com muita dificuldade para se expressar, disse: "Fui bom o suficiente?". Beckham havia sido informado que a viagem era um teste e que receberia um novo lar caso fosse bom o suficiente.

Thomas abraçou Beckham bem apertado e disse: "Escolhemos você para fazer parte da nossa família antes mesmo de conhecer você. Foi a promessa que fizemos, e agora vamos cumpri-la".

Hoje Beckham vive feliz com sua família definitiva.

Nosso Pai fez uma promessa idêntica a seus filhos. Deus já estava disposto a nos salvar antes mesmo de o pecado se infiltrar no coração do ser humano. Ele fez uma aliança e jamais voltará atrás em suas promessas. Já está tudo decidido. Deus restaurará seu jardim e nós o desfrutaremos ao seu lado.

Não é maravilhoso saber que nosso mundo, que está virado de cabeça para baixo, um dia será endireitado?

Talvez a cidade texana de Utopia não faça jus ao nome, mas a utopia no plano de Deus é uma realidade.

“DEUS JÁ ESTAVA DISPOSTO A NOS SALVAR ANTES MESMO DE O PECADO SE INFILTRAR NO CORAÇÃO DO SER HUMANO.”

CAPÍTULO 14

PARA ONDE AS ALMAS VÃO PARA MORRER

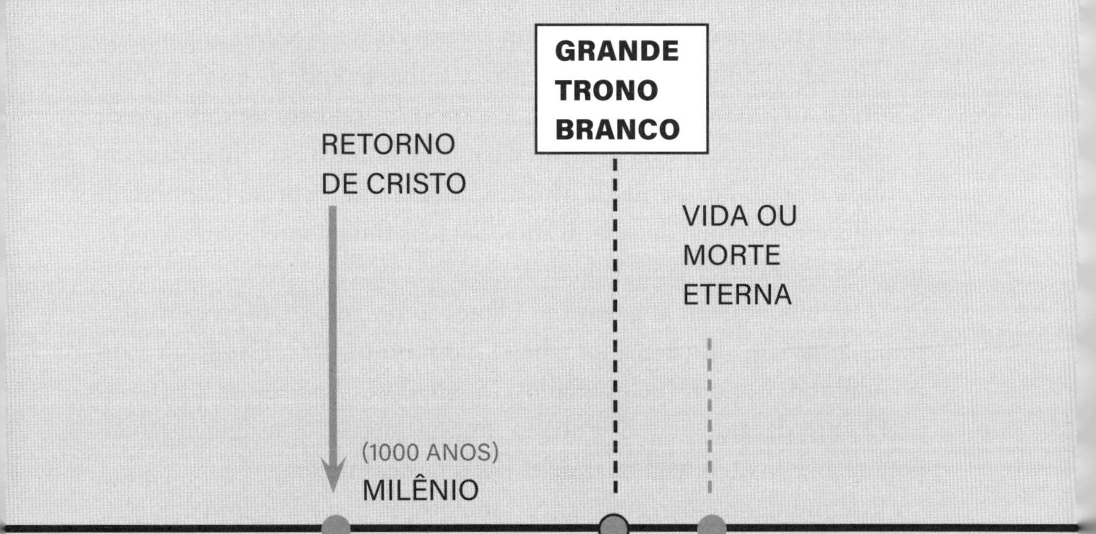

Muitos documentos importantes trazem seu nome. Por exemplo, sua certidão de nascimento informa onde você nasceu e quem são seus pais. Sua carteira de habilitação o identifica para o guarda rodoviário quando você é parado por excesso de velocidade.

Passaporte, certidão de casamento, CPF, diploma, contrato de financiamento. Esses e outros documentos vêm grafados com nosso nome.

Entretanto, a importância desses documentos em nada se compara ao registro mais valioso de todos, o único documento no qual importa ter seu nome registrado: o Livro da Vida. No céu ninguém necessitará de carteira de motorista. Passaporte e CPF serão relíquias de um passado distante. O Livro da Vida, porém, é outra história. Ter ou não seu nome registrado nesse livro é o detalhe mais importante para seu destino eterno.

Esse livro será consultado em um evento chamado de "o Julgamento do Grande Trono Branco". Em nossa linha temporal, esse episódio ocorrerá no final do milênio, isto é, depois do reinado de mil anos de Jesus sobre a terra, por meio do qual o mundo inteiro experimentará um período de paz, prosperidade e justiça. Satanás estará preso e a bondade prevalecerá. No final desses mil anos, Satanás finalmente receberá o que merece: agonia eterna no lago de fogo.

"O Diabo, que as enganava, foi lançado no lago de fogo e enxofre, onde já haviam sido lançados a besta e o falso profeta. Eles serão atormentados dia e noite, pelos séculos dos séculos" (Apocalipse 20:10).

O anjo decaído será derrubado uma última vez e ninguém jamais voltará a vê-lo ou ouvirá falar dele. Já vai tarde, Lúcifer.

Esse momento marcará o encerramento da história como a conhecemos. Será o fim do reino milenar e o início do nosso estado eterno. Antes disso, porém, haverá uma sentença dramática:

> Depois, vi um grande trono branco e aquele que nele estava assentado. A terra e o céu fugiram da sua presença, e não se encontrou lugar para eles. Vi também os mortos, grandes e pequenos, em pé diante do trono, e livros foram abertos. Outro livro foi aberto, o livro da vida. Os mortos foram julgados de acordo com o que tinham feito, segundo o que estava escrito nos livros. O mar entregou os mortos que nele havia, e a morte e o Hades entregaram os mortos que neles havia; e cada um foi julgado de acordo com o que tinha feito. Então, a morte e o Hades foram lançados no lago de fogo. O lago de fogo é a segunda morte. Aqueles cujos nomes não foram encontrados escritos no livro da vida foram lançados no lago de fogo. (Apocalipse 20:11-15)

Algum escritor chamou esse trecho de a "passagem mais séria, importante e dramática de toda a Bíblia".[1] A razão para isso é evidente: trata-se do último veredito da história, o momento mais tenebroso de todos os tempos. João descreve um:

- Grande (imponente)
- Trono (investido de autoridade)
- Branco (puro).

Depois disso, João vê o fim do céu e da terra conforme existiram até então: "E não se encontrou lugar para eles" (Apocalipse 20:11). O mundo da forma que o conhecemos desaparecerá.

Em seguida, João descreve uma cena de tribunal, com Jesus sentado em seu trono por direito e Deus entregando a ele toda "autoridade para julgar, porque é o Filho do homem" (João 5:27).

Obras reveladas

A expressão "dia do juízo" não é muito popular. Ninguém gosta da ideia de ser julgado. "Não me diga o que é certo ou errado", é o que

[1]John MacArthur, *Revelation 12–22 MacArthur New Testament Commentary* (Chicago: Moody Press, 2000), p. 245.

muitos dizem. Que ironia! Não gostamos de ser julgados, mas apreciamos a justiça. Ora, esta última não é possível sem a primeira. No céu, nosso lar eterno, haverá justiça. Essa, portanto, é a razão de o julgamento (Apocalipse 20) anteceder a descrição do nosso lar eterno (Apocalipse 21).

Quem está diante de Jesus nesse julgamento? "Vi também os mortos, grandes e pequenos, em pé diante do trono [...]. Os mortos foram julgados [...] O mar entregou os mortos [...] a morte e o Hades entregaram os mortos que neles havia" (Apocalipse 20:12-13).

Esses "mortos" são os incrédulos. Nós, cristãos, seremos arrebatados antes do milênio e não estaremos presentes no julgamento dos rebeldes. Ao contrário, estaremos bem de boa no céu. Se Jesus é seu Salvador, a mensagem acima é o mais próximo que você chegará do grande trono de julgamento. Somente os incrédulos estarão presentes nessa ocasião.

Todos os injustos, desde o início do tempo até o fim do milênio, comparecerão diante do Grande Trono Branco. Será seu único encontro com a divindade. Negaram, blasfemaram, escarneceram e se esquivaram de Deus, mas agora têm hora marcada com ele. A maioria pereceu antes do arrebatamento. Muitos morreram durante a tribulação e outros tantos durante o milênio ou na batalha final em que caiu fogo do céu e os consumiu.

Pertencem a épocas diferentes, mas todos virão. Deus clamará ao mar e às sepulturas que entreguem seus cadáveres e ao Hades que entregue suas almas. E assim os injustos, "grandes e pequenos", comparecerão, em um estado não glorificado, "em pé diante do trono" (Apocalipse 20:12).

Grandes e pequenos. Isto é, desde o indigente até o príncipe, donas de casa e rainhas, mendigos e oligarcas, presidiários e bilionários da indústria de tecnologia. Não importam o prestígio, a classe econômica, os diplomas. Tudo que sonharam ou tramaram virou pó, sumiu. Troféus esportivos, prêmios Pulitzer, doutorados, nada restou.

Restaram apenas os livros: "Outro livro foi aberto, o livro da vida. Os mortos foram julgados de acordo com o que tinham feito, segundo o que estava escrito nos livros" (Apocalipse 20:12).

Durante o julgamento, serão apresentadas duas evidências: um livro e um conjunto de livros que contêm relatos detalhados e minuciosos das ações de cada ser humano. "Deus trará a julgamento tudo o que foi feito, até mesmo tudo o que está escondido, seja bom, seja mau" (Eclesiastes 12:14).

As obras dos cristãos também estão registradas. A diferença, do tamanho do monte Everest, é que "agora já não há condenação para os que estão em Cristo Jesus" (Romanos 8:1). Jesus tomou sobre si nossos pecados quando dissemos *sim* para ele e "cancelou a escrita de dívida [...] que era contra nós. Ele a removeu, pregando-a na cruz" (Colossenses 2:14). Jesus morreu por nossos pecados. Portanto, nossos nomes estão registrados no Livro da Vida.

Mas e quanto àqueles que nunca disseram *sim* para ele ou escolheram, intencionalmente, negá-lo? Também as ações desses serão reveladas.

Consegue imaginar um momento mais terrível do que esse?

"Fulano de tal, seus pecados são os seguintes: você desprezou um colega de classe em razão da cor da pele; enganou seu professor ao copiar o trabalho de outro aluno; bateu em sua irmã e negou que foi você; mentiu sobre aquela lição de casa..."

Páginas e mais páginas... E isso só sobre o período da adolescência! Alguém aí tem coragem de imaginar os pecados da vida adulta? "Mentiu para sua esposa sobre aquela viagem a trabalho; paquerou a esposa de um amigo; xingou seus filhos".

Será um momento terrível! O promotor nos denunciará, mas não teremos um advogado; seremos acusados, mas sem direito a contraditório, depoimentos, ou investigação; sem júri e sem defesa. Apenas iniquidades.

Suas próprias obras os condenarão. A culpa será tão evidente que nem sequer se defenderão. Simples assim. "Aqueles cujos nomes não foram encontrados escritos no livro da vida foram lançados no lago de fogo" (Apocalipse 20:15).

> "TODOS OS INJUSTOS, DESDE O INÍCIO DO TEMPO ATÉ O FIM DO MILÊNIO, COMPARECERÃO DIANTE DO GRANDE TRONO BRANCO. SERÁ SEU ÚNICO ENCONTRO COM A DIVINDADE."

DESTINO DETERMINADO

Esse veredito revela a mais terrível de todas as verdades bíblicas: o inferno. Escritores bíblicos usaram a tinta mais escura em suas penas para descrever a natureza do inferno: "mais densas trevas" (Judas 1:13), "destruição eterna" (2Tessalonicenses 1:9), "choro e ranger de dentes" (Mateus 8:12).

Assustador. Deve ser por isso que as pessoas evitam falar sobre esse assunto. Já reparou como minimizamos a seriedade do inferno em nosso modo de falar? "Minha vida está um inferno hoje." Curioso que não usamos tragédias menores como figuras de linguagem para descrever essas situações. Por exemplo, ninguém diz "minha vida está um câncer hoje".

Pasteurizamos o conceito de inferno por meio de opiniões sofisticadas: *um Deus que permite a existência do inferno não merece minha adoração*. Como se Deus nos devesse explicações!

Também usamos o inferno como arma de pregação. "Mude ou irá para o inferno!", dizem alguns pastores em sermões recheados de acusações, pouquíssima esperança e nenhum amor.

Mas não se engane: pessoas que não veem o inferno como uma coisa terrível certamente não refletiram o suficiente sobre o assunto. E aquelas que refletiram têm de encarar o seguinte dilema: "Como é possível um Deus amoroso mandar pessoas para o inferno?".

A dificuldade do dilema está na pergunta em si. A palavra "pessoas" sugere neutralidade e inocência. Entretanto, essas pessoas não são nada inocentes. São traidores. O inferno é a morada que os rebeldes escolheram para si. Não é para aqueles que buscam a Deus e continuam lutando contra o pecado, mas para aqueles que se rebelam contra Deus e vivem nessa rebelião. É para aqueles que dizem a Jesus: "Não queremos que este homem seja nosso rei" (Lucas 19:14). Consequentemente, nosso Deus justo, em legítimo uso de suas prerrogativas, honrará a preferência deles.

"NÃO SE ENGANE: PESSOAS QUE NÃO VEEM O INFERNO COMO UMA COISA TERRÍVEL CERTAMENTE NÃO REFLETIRAM O SUFICIENTE SOBRE O ASSUNTO."

Porventura Deus deveria impor sua vontade sobre aqueles que o rejeitam? Forçá-los a obedecer ao seu plano? De maneira nenhuma. Esses rebeldes passaram a vida inteira desprezando a mensagem de Deus e zombando de seu nome. Comparecerão diante do tribunal divino porque deixaram "de tratá-lo como Deus, recusando-se a adorá-lo [...] Trocaram a glória de Deus, que sustenta o mundo, por imagens baratas vendidas na feira" (Romanos 1:21,23, *A Mensagem*).

Se passarmos a vida pedindo a Deus que se afaste de nós, ele fará exatamente isso no final.

Deus não manda ninguém para o inferno. São as pessoas que se voluntariam para morar lá.

E o fazem apesar das repetidas advertências de Jesus. Aproximadamente treze por cento de seus ensinamentos falam de um julgamento eterno e do inferno[2] e dois terços de suas parábolas se referem à ressurreição e ao julgamento.[3] Jesus não era arrogante nem leviano, mas simplesmente objetivo. Frequentemente usava expressões como "lançar para fora". "Amarrem-lhe as mãos e os pés e lancem-no fora, nas trevas" (Mateus 22:13). Para fora de que lugar? Sem dúvida, do céu, isto é, para fora da esfera da redenção, para fora do tribunal de apelação, para fora da verdadeira esperança.

No paraíso, Abraão disse ao rico atormentado: "Entre vocês e nós há um grande abismo, de forma que os que desejam passar do nosso lado para o seu, ou do seu lado para o nosso, não conseguem" (Lucas 16:26). Como se vê, o inferno não é um reformatório para recuperar pecadores nem um purgatório para extinguir o mal. É "uma noite sem nenhum amanhecer".[4]

"DEUS NÃO MANDA NINGUÉM PARA O INFERNO. SÃO AS PESSOAS QUE SE VOLUNTARIAM PARA MORAR LÁ."

[2]Robert Jeffress, *Hell? Yes! And other outrageous truths you can still believe* (Colorado Springs: Waterbrook Press, 2004), p. 71-2.

[3]John Blanchard, *Whatever happened to hell?*, p. 105.

[4]James Denny, *Studies in theology* (London: Hodder and Stoughton, 1904), citado em: Bruce Demarest, *The cross and salvation: the doctrine of salvation* (Wheaton: Crossway Books, 1997), p. 31.

Em outra expressão legítima de suas prerrogativas, Deus aplica o castigo conforme o crime. Seguindo a mesma linha das recompensas celestiais, no inferno os sofrimentos também são diferentes. "Quão mais severo castigo julgam vocês merecer aquele que pisou o Filho de Deus, considerou profano o sangue da aliança pelo qual ele foi santificado e insultou o Espírito da graça?" (Hebreus 10:29).

Os malfeitores não são igualmente perversos. Muitas pessoas íntegras também rejeitam Jesus. O engano delas, porém, está em imaginarem que sua integridade as salvará.

Outros nem mesmo se esforçam para ser íntegros. Escravizam, abusam de crianças, matam inocentes. Esses também serão devidamente punidos. Cada castigo corresponderá exatamente ao crime cometido.[5] "E cada um foi julgado de acordo com o que tinha feito" (Apocalipse 20:13).

Muito bem. E como será o inferno?

Historicamente, a definição ortodoxa fala de um lugar de tormento infindável, de uma vida eternamente separada de Deus, de um abandono em total escuridão, "onde 'o seu verme não morre, e o fogo não se apaga'" (Marcos 9:48).

Pensamento mais deprimente do que esse não há.

Outros veem o inferno como um lugar em que as almas vão para morrer, e não para sofrer; um lugar em que a alma é aniquilada para sempre, e não um lugar onde é castigada eternamente. Em outras palavras, uma câmara de execução, e não uma câmara de tortura. Delete Deus de sua vida e ele deletará você do porvir.

A linguagem de certos trechos das Escrituras dá credibilidade a essa interpretação.

"[Os perversos] sofrerão a pena de *destruição* eterna, a separação da presença do Senhor e da sua poderosa glória" (2Tessalonicenses 1:9, ênfase minha).

"Já não resta sacrifício pelos pecados, mas apenas uma terrível expectativa de juízo e de fogo intenso que consumirá os adversários de Deus" (Hebreus 10:26-27, ênfase minha).

---

[5]Lucas 12:47-48; Mateus 10:15; Mateus 11:22,24; Alfred N. Martin e Fred Zaspel, "Degrees of punishment in hell", The Gospel Coalition, https://www.thegospelcoalition.org/essay/degrees-punishment-hell/.

"Porque Deus tanto amou o mundo que deu o seu Filho Unigênito, para que todo o que nele crer não *pereça*, mas tenha a vida eterna" (João 3:16, ênfase minha).

Destruir, consumir, perecer. Parecem termos associados à aniquilação, não? Sim, Satanás e seus subordinados sofrerão para sempre. Mas e os rebeldes? Será que deixarão de existir depois de sofrerem proporcionalmente aos seus crimes? Sinceramente, espero que sim.[6]

Em última análise, nem minha opinião nem a sua importam. Podemos opinar sobre a natureza do inferno, mas só Deus sabe. Afinal, é a ele que os pecadores e os rebeldes desobedecem. Somente o Senhor sabe quantas vezes os endurecidos de coração o desprezaram, quantas calúnias espalharam, quanta dor causaram. Somente ele sabe que sentença esses rebeldes merecem. Ele fará justiça.

Uma coisa é certa: o inferno é um lugar terrível. É muito angustiante falar sobre esse assunto. Triste demais para nós e ainda mais triste para Deus. A Escritura não traz nenhum indício de que Deus tem prazer em condenar pessoas ao inferno. Ao contrário: "Não tenho prazer na morte dos ímpios; antes, tenho prazer em que eles voltem dos seus maus caminhos e vivam" (Ezequiel 33:11).

Acaso Jesus não se compadeceu de Jerusalém? Ele se entristeceu muito quando seus habitantes o rejeitaram: "Jerusalém, Jerusalém, você que mata os profetas e apedreja os que lhe são enviados! Quantas vezes eu quis reunir os seus filhos como a galinha reúne os pintinhos debaixo das asas, mas vocês não quiseram" (Mateus 23:37).

Jesus ficou com o coração pesado naquele dia. E ficará ainda mais pesado no dia do juízo. O dia do Grande Trono Branco, o momento mais triste e pesaroso da história.

Como devemos encarar esse dia?

A escolha é nossa

A boa notícia sobre essa sentença assustadora é que ela não precisa ser uma notícia ruim para você. Cristo fez tudo que estava ao seu alcance

[6] A respeito da duração do inferno, veja Preston Sprinkle (org.), *Four views on hell* (Grand Rapids: Zondervan, 2016).

para nos levar ao céu. Você quer saber como um Deus de amor é capaz de mandar pessoas para o inferno? Em verdade, a pergunta é outra: como um Deus justo permite pecadores no céu? Por causa de Jesus Cristo, que se tornou carne, viveu com perfeição, morreu como se fosse pecador e ressuscitou a fim de confirmar sua autoridade sobre a vida e a morte. O que mais ele poderia ter feito? É como se Jesus se posicionasse entre nós e os portões do inferno e dissesse: "Só por cima do meu cadáver".

Em 12 de dezembro de 1984, uma neblina espessa encobriu uma estrada ao sul de Londres. Às 6h15, um caminhão se acidentou e, poucos minutos depois, veículos começaram a colidir uns atrás dos outros. Dez pessoas morreram. Dois policiais chegaram ao local e começaram a sinalizar aos motoristas, porém muitos ignoraram o aviso e adentraram o nevoeiro. Os policiais passaram a gritar e até mesmo a atirar cones nos para-brisas na esperança de salvar alguns da morte certa.[7]

Jesus nos advertiu com muito mais empenho. Depois de mil e um avisos, colocou uma placa gigante de "pare" bem no meio da estrada que conduz ao inferno. Aqueles que seguem em frente rumo à destruição eterna têm os olhos e os ouvidos tampados para as advertências dele.

Preste atenção aos sinais.

> "A BOA NOTÍCIA SOBRE ESSA SENTENÇA ASSUSTADORA É QUE ELA NÃO PRECISA SER UMA NOTÍCIA RUIM PARA VOCÊ."

Anos atrás, levei Denalyn a um restaurante chique para comemorar nosso aniversário de casamento. Vesti uma roupa fina, como quem está disposto a pagar por um jantar superfaturado.

Telefonei para reservar uma mesa.

Alguns restaurantes só deixam você entrar se seu nome estiver anotado no livro de reserva. Escrito mesmo, à mão. Se eu quisesse jantar ali, meu nome tinha de constar nesse livro.

---

[7] John Blanchard, *Whatever happened to hell?* (Wheaton: Crossway Books, 1995), p. 298.

A atendente não tinha boas notícias.

— Sinto muito, não temos nenhuma mesa livre nessa data.

— Nem umazinha?

— Absolutamente nenhuma.

— E agora?

Uma breve pausa, e então a atendente me respondeu: — O senhor pode vir e aguardar.

— Como assim? Simplesmente aparecer e torcer por uma mesa?

— Às vezes temos um cancelamento de última hora. Se o senhor estiver aguardando na área de espera quando alguém ligar para cancelar, eu o chamarei.

— Mas não é garantido.

— Não.

— Pode acontecer de ficarmos esperando a noite toda.

— É bem provável que seja o caso.

Perdi o interesse na hora. Não consegui imaginar Denalyn e eu sentados com toda a elegância em um canto qualquer, na esperança de conseguir uma mesa para jantar.

Eu queria uma mesa garantida, uma reserva confirmada, meu nome escrito no livro.

Muito, mas muito mais do que isso, bilhões de vezes mais, quero ver meu nome escrito no livro de Deus. Você também quer seu nome registrado nesse livro? Pelo amor de Deus, não fique aí parado, esperando. Garanta sua reserva agora mesmo. Cristo já disse sim para nós. Basta apenas dizermos sim para ele.

CAPÍTULO 15

FINALMENTE EM CASA

Minha sobrinha Michelle foi adotada aos quatro meses de idade, em 1969. Cresceu em um lar cheio de amor e carinho, e hoje ela e seu marido, Jason, têm duas filhas maravilhosas e uma vida feliz. Em 2023, Michelle teve uma bela surpresa: sua família biológica a contatou. Depois de muitos anos à sua procura, conseguiram localizá-la graças a uma moderna tecnologia capaz de identificar a ancestralidade de um indivíduo.

Michelle saiu do Texas e foi ao Mississipi para se encontrar pessoalmente com eles. Descobriu que tinha um meio-irmão e uma meia-irmã por parte de mãe e mais três meias-irmãs por parte de pai, que nem sabia que ela existia. Foi uma grande reunião de meios-irmãos, parentes e amigos. Fizeram refeições juntos, contaram histórias, apresentaram outros parentes. Michelle enviou fotos dessa reunião a toda a nossa família. Ela parecia radiante em cada foto e, mais de uma vez, incluiu uma observação muito afetuosa: "Eles disseram que estavam me procurando".

O comentário dela traz um bocado de evangelho. A Bíblia conta exatamente essa história desde a primeira página de Gênesis até o capítulo final de Apocalipse. Deus está procurando você, buscando, esperando e ansiando pelo momento em que vocês se encontrarão e nunca mais se separarão. Ele tem uma vida nova para você.

O termo que a Bíblia usa para descrever essa vida é *céu*.

Conforme vimos no capítulo 6, os cristãos que falecem durante a era da graça ou no meio da tribulação sobem imediatamente para a presença de Deus, para um lugar chamado paraíso. Apesar disso, o paraíso ainda não é o céu — não plenamente. O paraíso é temporário, porém o céu é eterno. Consequentemente, nossa mudança do paraíso para o lar eterno será uma transição diferente de tudo que já se viu na história bíblica.

"Então, vi novos céus e nova terra, pois o primeiro céu e a primeira terra tinham passado, e o mar já não existia" (Apocalipse 21:1).

Quando chegarmos a esse estágio da linha temporal de Deus, a tribulação já terá terminado, o reinado de mil anos de Cristo já estará encerrado, o mal já terá sido erradicado para sempre por meio do julgamento do Grande Trono Branco, e os vilões e seus capangas terão sido julgados e lançados fora para sempre. É chegada a hora de uma última e nova era.

Nosso pecado resultou em morte não apenas para a humanidade, mas também para toda a criação. "A terra se gastará como uma roupa" (Isaías 51:6). Em concordância, o salmista escreveu: "No princípio firmaste os fundamentos da terra [...] Eles perecerão [...] envelhecerão como vestimentas. Como roupas tu os trocarás, e eles ficarão para trás" (Salmos 102:25-26).

Nosso planeta anseia por essa transformação maravilhosa. Conforme escreveu Paulo:

> A criação aguarda, com grande expectativa, que os filhos de Deus sejam revelados. Pois a criação foi submetida à inutilidade, não pela sua própria escolha, mas por causa da vontade daquele que a sujeitou, na esperança de que a própria criação será liberta da escravidão que conduz à decadência, para receber a mesma gloriosa liberdade dos filhos de Deus. (Romanos 8:19-21)

A língua grega tem duas palavras que podem ser traduzidas por "novo". Uma é *neos*, que se refere principalmente a "novo no tempo". Se as pessoas dizem, "começa agora um novo semestre", elas querem dizer *neos*. A segunda palavra é *kainos*, que "denota 'novo', ou aquilo que não é habitual ou familiar, não é 'novo' no tempo, algo recente, mas 'novo' em forma ou qualidade".[1] Nesse sentido, o novo é, em regra, "diferente e superior em relação ao antigo".[2] Essa é a palavra que João usou em Apocalipse 21:1. A nova terra será uma versão melhor da antiga, renovada para seu esplendor pretendido.

Deus está resgatando sua criação. Ele é um Deus que restaura, não um Deus que destrói. A Escritura está repleta de termos como *renovação*, *redenção*, *regeneração* e *ressurreição*. Deus ama *refazer* e *restaurar*,

---

[1] *Vine's complete expository dictionary of Old and New Testament Words* (Nashville: Thomas Nelson, 1985), p. 430-1.

[2] Mark Hitchcock, *The end*, p. 451

mesmo vocabulário que Jesus usou com seus discípulos: "Na renovação de todas as coisas, vocês que me seguiram também se assentarão em doze tronos para julgar as doze tribos de Israel" (Mateus 19:28).

Deus restaurará cada átomo, inseto, animal e galáxia à sua glória original. Menos do que isso seria uma admissão de fracasso. Ora, destruir o Universo seria admitir que não é possível restaurá-lo nem renová-lo. Em contrapartida, resgatá-lo e redimi-lo consistem em uma grandiosa demonstração da autoridade suprema de nosso Criador.

A visão de João revela a vinda de um novo começo.

> "DEUS RESTAURARÁ CADA ÁTOMO, INSETO, ANIMAL E GALÁXIA À SUA GLÓRIA ORIGINAL."

A CIDADE SANTA

"E eu, João, vi a santa cidade, a nova Jerusalém, que de Deus descia do céu, preparada como uma esposa adornada para o seu marido" (Apocalipse 21:2, ARF).

É a primeira vez que João se exprime dessa forma. Os capítulos anteriores trazem mais de 25 expressões do tipo "e vi": "E vi um cavalo branco", "E vi um anjo", "E vi a besta", "E vi os reis da terra", "E vi descer do céu um anjo" e assim por diante (Apocalipse 19:11,17,19; 20:1; veja tb. 20:4,11-21; 21:1).

Entretanto, quando vê a nova Jerusalém, o apóstolo faz diferente e personaliza aquele momento: "E eu, João, vi a santa cidade, a nova Jerusalém". É como se não acreditasse em seus próprios olhos. Como um arqueólogo que descobre a Pedra de Roseta ou um violinista que toca o primeiro Estradivário, João é o primeiro a contemplar a joia da coroa celestial, a Nova Jerusalém, a "Santa Cidade".

De acordo com um comentarista, "a cidade santa será uma cidade em que nenhuma mentira jamais será proferida em cem milhões de anos, nenhuma palavra perversa jamais será pronunciada, nenhuma negociação suspeita jamais será realizada, nenhuma fotografia impura jamais será vista, nenhuma corrupção jamais se manifestará. Será santa porque todos nela serão santos".[3]

Como isso é possível? "Já não haverá maldição nenhuma" (Apocalipse 22:3). Maldição é consequência do pecado, uma ressaca da rebelião. No jardim do Éden, Adão e Eva pecaram e tinham esperança de que uma das árvores lhes concedesse algo que somente Deus é capaz de dar: vida.

Pecar é buscar em algo ou alguém o que somente Deus é capaz de prover. É buscar sentido de vida em um corpo musculoso ou em um diploma de Harvard. É buscar alívio para a dor em uma garrafa de uísque ou em uma noitada de sexo. É tentar se livrar da culpa por meio de atividades religiosas. Pecamos, portanto, quando pedimos a qualquer coisa terrena que faça por nós o que somente o céu é capaz de fazer. E o pecado complica nossa vida, tornando-a tão complexa quanto um cubo mágico.

Pense em quanto tempo gastamos hoje desfazendo os estrados do pecado de ontem: lutando contra vícios, esquivando-nos de relacionamentos tóxicos, lamentando escolhas infelizes. Quanta energia você dedica para consertar as más decisões do passado? Sim, a vida é complicada hoje por causa dos nossos pecados de ontem.

Imagine quanto sua vida seria mais simples se você jamais pecasse, jamais desobedecesse a Deus, jamais ignorasse seus ensinamentos nem mesmo se rebelasse contra a vontade dele. Remova todas as brigas, excessos, ressacas, vícios, discussões, lascívias e arrependimentos de sua vida. Não é incrível como em pouco tempo tudo pareceria muito melhor?

Multiplique essa ideia alguns bilhões de vezes e imagine quão diferente seria nosso mundo se ninguém jamais pecasse.

Nenhuma nação sofreria guerra ou fome, nenhuma língua espalharia fofoca, nenhum marido seria infiel, nenhuma esposa faria críticas, nenhuma bomba explodiria, ninguém sentiria raiva, ninguém temeria ditadores e assaltantes, ninguém se afundaria em dívidas comprando coisas desnecessárias para impressionar desconhecidos, ninguém se condenaria por ter tropeçado no passado, pois em uma sociedade sem pecado ninguém tropeçaria ontem nem tropeçará amanhã nem jamais.

---

[3]Tom Constable, *Notes on Revelation*, ed. 2017, p. 234, citando Wilbur M. Smith, "Revelation", em: Charles F. Pfeiffer, Everett F. Harrison (orgs.), *The Wycliffe Bible Commentary* (Chicago: Moody Press, 1962), p. 1522.

"Já não haverá maldição nenhuma" (Apocalipse 22:3). Assim é o céu.

Chega de brigar com o mundo, chega de ter vergonha diante de Deus, chega de conflitos entre as pessoas, chega de mortes. O fim da maldição fará com que o povo de Deus e o Universo alcancem seu estado originalmente pretendido.

Deus tem espaço para você

A Nova Jerusalém está sendo "preparada como uma noiva adornada para o seu marido" (Apocalipse 21:2, ARF).

João nos fornece um vislumbre desse novo lar:

> O anjo que falava comigo tinha uma vara de ouro para medir a cidade, as suas portas e os seus muros. A cidade era quadrangular; de comprimento e de largura iguais. Ele mediu a cidade com a vara: doze mil estádios de comprimento; a largura e a altura eram iguais ao comprimento. Ele mediu o muro, e deu cento e quarenta e quatro côvados de espessura, segundo a medida humana que o anjo estava usando. (Apocalipse 21:15-17)

Esse é o tamanho da Nova Jerusalém: um cubo com 2.200 quilômetros de comprimento, de largura e de altura, grande o suficiente para conter desde os montes Apalaches até a costa oeste, desde o Canadá até o México, quarenta vezes o tamanho da Inglaterra, dez vezes o tamanho da França, e maior do que a Índia.

E veja que estamos falando apenas do piso térreo, pois a altura da cidade é igual à sua largura. Supondo que Deus tenha projetado a cidade com andares, tal como um arquiteto projetaria um edifício, a Nova Jerusalém tem seiscentos mil andares, espaço de sobra para acomodar bilhões de pessoas.[4]

Espaço de sobra para acomodar você.

Você se lembra com que idade descobriu a falta de espaço em nosso mundo? Um pai sem espaço na agenda para você, um patrão que não

[4]Randy Alcorn, *Heaven*, p. 242.

cedeu espaço para você crescer na empresa, uma escola que não abriu espaço para você se enturmar.

Percebemos desde pequenos que os recursos são finitos. Não há espaço para todos. Essa é a razão para sermos eliminados, cortados, rejeitados, recusados, despedidos.

Essa situação nos ensinou a sermos cautelosos. A natureza limitada dos recursos nos transformou em acumuladores. Vivemos apegados ao dinheiro por medo de exaurir nossos recursos financeiros. Pisamos em nossos colegas de trabalho por medo de perder o emprego. Erigimos muros e partimos para a guerra por medo de perder nosso território.

“CHEGA DE BRIGAR COM O MUNDO, CHEGA DE TER VERGONHA DIANTE DE DEUS, CHEGA DE CONFLITOS ENTRE AS PESSOAS, CHEGA DE MORTES. O FIM DA MALDIÇÃO FARÁ COM QUE O POVO DE DEUS E O UNIVERSO ALCANCEM SEU ESTADO ORIGINALMENTE PRETENDIDO.”

Deus, porém, por meio da grandeza da cidade que, em breve, será nosso lar, proclama: “Há espaço de sobra para todos!”.

“Então o anjo me mostrou o rio da água da vida [...] De cada lado do rio, estava a árvore da vida, que frutifica doze vezes por ano, uma por mês” (Apocalipse 22:1-2).

A árvore celestial é tão grande que alcança as duas margens do rio. Ela produz com tanta fartura que são necessários doze meses para colhê-los. Uma cidade espaçosa com abundância de recursos.

Que notícia excelente para milhares que sobrevivem com centavos, que habitam em barracos caindo aos pedaços, que vendem o almoço para comprar o jantar! “Bem-aventurados os pobres, pois a vocês pertence o reino de Deus” (Lucas 6:20), declarou Jesus.

Todavia, ousaríamos confiar nessa promessa? A resposta está gravada nas pedras da Nova Jerusalém.

Deus tem graça para você

"Tinha um grande e alto muro com doze portas [...] Nas portas estavam escritos os nomes das doze tribos de Israel. [...] O muro da cidade tinha doze fundamentos, e neles estavam os nomes dos doze apóstolos do Cordeiro" (Apocalipse 21:12,14).

Quem são os doze filhos de Israel cujos nomes estão escritos nas portas da cidade? Simeão e Levi convenceram os homens de determinada tribo a se sujeitarem à circuncisão, porém, no terceiro dia de recuperação, os atacaram e os mataram (Gênesis 34). Judá, outro dentre os doze, se deitou com sua nora (imaginando que fosse uma prostituta) e a engravidou. Os outros nove irmãos conspiraram para matar José, o segundo mais novo (e quase conseguiram, não fosse a intervenção de Rúben), e por fim o venderam como escravo ao Egito.

Ou seja, uma cambada de mentirosos conspiradores que mais parecem arruaceiros de clube noturno que heróis da fé! Apesar disso, seus nomes estão gravados nas portas da Nova Jerusalém.

Ousaríamos mencionar os nomes gravados em seus alicerces? Pedro, que preferiu salvar a própria pele a permanecer fiel ao seu Salvador (Mateus 27:69-74). Tiago e João, que pediram uma reserva na ala VIP do céu (Mateus 20:20). O dúbio Tomé, que insistiu em uma audiência pessoal com o Jesus ressurreto (João 20:27-28). Todavia, seus nomes aparecem na lista de honra do céu. São os mesmos discípulos que pediram às crianças que deixassem Jesus em paz (Lucas 18:15), que sugeriram a Jesus que não se preocupasse com os famintos (Mateus 14:15), que o abandonaram durante a crucificação: "Então, todos os discípulos o abandonaram e fugiram" (Mateus 26:56). Mateus fugiu. Pedro fugiu. Bartolomeu fugiu. Apesar disso, seus nomes aparecem gravados nos alicerces da cidade. O nome de Mateus está lá; o de Pedro, também; e o de Bartolomeu, igualmente.

Dificilmente consideraríamos homenagear os nomes das doze tribos e dos doze apóstolos com inscrições celestiais, mas é muito bom conhecer esses fatos sobre a vida deles. Afinal, costumamos entalhar o nome de nossos heróis, filantropos, estudiosos, exploradores etc. Contudo, e aqueles que não são nada disso? Pessoas cuja vida é marcada por vício, ódio, conflitos familiares, problemas com a lei?

"Tenho graça para você", é o que Deus nos diz.

A Cidade Santa não apenas é espaçosa e cheia de graça, como também incrivelmente bela. Seus fundamentos são ornamentados com toda sorte de pedra preciosa: jaspe, safira, calcedônia, esmeralda, sardônio, sárdio e outras (Apocalipse 21:19-20).

Não bastasse isso, seus muros são transparentes como vidro. Em nosso mundo, erguemos muros para nos esconder. No mundo novo, ninguém terá nada para esconder. Já não haverá mais necessidade de manter os outros afastados, de guardar segredos, de se proteger. Nada para ocultar.

Cada porta da cidade santa será fabricada a partir de uma pérola gigantesca. Costumamos fazer piadas sobre pessoas batendo às portas do céu, mas preste atenção ao significado espiritual. Conforme comentou John Phillips:

> Toda joia valiosa provém de metais ou de pedras, mas a pérola é produzida dentro de uma ostra, a única proveniente de um ser vivo. A pequena ostra sofre uma irritação ou um ferimento e começa a formar uma pérola em volta do corpo estanho que se infiltrou ou a machucou. A pérola [...] é a reação da ostra àquilo que a feriu.[5]

A pérola nasce da dor.

O mesmo acontece com a Nova Jerusalém. Ela nascerá das dores de Jesus. Sempre que entrarmos e sairmos da Cidade Santa, as portas de pérola nos lembrarão de nosso Salvador, que tomou sobre si os pecados do mundo para que pudéssemos receber a glória do céu.

“SEMPRE QUE ENTRARMOS E SAIRMOS DA CIDADE SANTA, AS PORTAS DE PÉROLA NOS LEMBRARÃO DE NOSSO SALVADOR, QUE TOMOU SOBRE SI OS PECADOS DO MUNDO PARA QUE PUDÉSSEMOS RECEBER A GLÓRIA DO CÉU.”

[5]John Phillips, *Exploring Revelation*, p. 254.

E, por falar em nosso Salvador, ele está arquitetando uma cidade esplêndida, imensa em tamanho e belissimamente decorada. Portas de pérola, ruas de ouro. Ninguém jamais viu coisa igual. Apesar disso, não são as esmeraldas nem a arquitetura que nos encantarão, mas Jesus Cristo, a quem finalmente veremos; nós tocaremos em suas cicatrizes e ouviremos sua mansa voz! Sim, nós o conheceremos em carne e osso. "O trono de Deus e do Cordeiro estará na cidade, e os seus servos lhe servirão. Eles verão a sua face, e o seu nome estará na testa deles" (Apocalipse 22:3-4).

Faça uma pausa e personifique essa passagem. Diga para si mesmo ou grite se preferir: "Eu verei a face dele".

Você verá Deus. Sim, você! Você finalmente verá aquele que sempre existiu, que jamais transigiu e diante do qual toda a criação se ajoelha. Você, em seu corpo glorificado e eternamente incorruptível, habitando em uma cidade gloriosa que jamais se deteriorará, finalmente verá Deus em toda a sua glória.

> "VOCÊ, EM SEU CORPO GLORIFICADO E ETERNAMENTE INCORRUPTÍVEL, HABITANDO EM UMA CIDADE GLORIOSA QUE JAMAIS SE DETERIORARÁ, FINALMENTE VERÁ DEUS EM TODA A SUA GLÓRIA."

Imagine o momento em que "[Deus] enxugará dos seus olhos toda lágrima. Não haverá mais morte, nem aflição, nem choro, nem dor, pois as coisas antigas já passaram" (Apocalipse 21:4).

Chega de cemitério, de câncer, de crime. Chega de opressão, depressão e suicídio. De corrupção, poluição e deterioração.

Imagine Deus, em todo o seu esplendor, se levantando para dizer a um mundo exausto e repleto de habitantes feridos:

> Eis que faço novas todas as coisas. Resgato, redimo e restauro os anos que os gafanhotos e os vermes devoraram, os dias que vocês andaram

apoiados em muletas e encurvados em cadeiras de rodas, a energia que o câncer roubou, a alegria que a depressão consumiu. Os cânticos que seus ouvidos surdos não ouviram, os montes cobertos de neve que seus olhos cegados não enxergaram, os mistérios que sua mente frágil não foi capaz de compreender, eis que agora todas essas coisas vos pertencem para que se deleitem com elas.

Déspotas saquearam sua paz. A guerra destruiu o mundo. A justiça passou longe de sua vida. A fome corroeu seu estômago, o medo o perseguiu de noite, o racismo arruinou seu futuro. Chega. Chega de lágrimas, chega de tristeza, chega de morte.

Hoje restauro o bem que você desperdiçou no altar da insensatez, a esperança que você vendeu no bordel da lascívia. Trago para você Amor, aquele amor que você tanto procurou em braços proibidos, caminhos tortuosos e aventuras insanas. Aquele Amor diante do qual todos os demais amores não passam de mera insinuação.

Eis que faço novas todas as coisas!

Consegue imaginar?

Pois eu também não. Contudo, a mera tentativa já é muito prazerosa.

Em minha infância, meu pai nos levou para um passeio no parque temático Six Flags Over Texas, na cidade de Arlington. Impossível descrever minha empolgação. Afinal, a coisa mais emocionante que havia em nossa cidade de uma rua só era um parque com algumas marmotas. Para nós, entretenimento era sair para tomar um sorvete. Six Flags tinha tudo o que nossa cidade não tinha: cores, música e diversão.

A certa altura, em um passeio de bondinho, voltei-me para meu pai e disse:

— Esse é o lugar mais incrível que já vi.

— Que bom, Max, mas ainda nem saímos do estacionamento!

Para mim, o carrinho de *transfer* do estacionamento parecia um dos brinquedos do parque. Se eu tivesse ido somente até a entrada do parque, já teria sido um passeio maravilhoso. Felizmente, meu pai acrescentou que havia muito mais coisas do outro lado.

Essa é a mensagem de Deus para você. Ele tem um lugar, um espaço para você. E tem graça. Olhe para cima e faça de seu lar celestial seu objetivo de vida. É ali sua verdadeira morada, para sempre.

CAPÍTULO 16

CRIADOS PARA ALGO MAIS

Em um de seus filmes, Jack Nicholson encarna o papel de um escritor nova-iorquino rabugento que implica com todo mundo. Apesar de rico, vive solitário, amargurado e cheio de fobias: tem medo de ser mordido por piranhas do rio Amazonas, de pisar em rachaduras na calçada, de usar o mesmo sabonete duas vezes, de cumprimentar as pessoas. Vai todos os dias ao mesmo restaurante, senta-se no mesmo lugar e pede sempre o mesmo prato ao mesmo atendente.

A certa altura, sua neurose alcança um ponto crítico, obrigando-o a se consultar com um psiquiatra. Ele entra em uma sala de espera repleta de pacientes e solta um suspiro. Embora evite todo tipo de contato físico, não consegue evitar o impacto daquela cena triste.

— E se não houver nada melhor do que isso? — lamenta-se.[1]

É exatamente o que muitas pessoas pensam. Imaginam, equivocadamente, que seu momento de maior alegria, aquela experiência mais profunda e satisfatória, ocorre somente em algum ponto entre o berço e o caixão. Alguém precisa contar as boas-novas para essa gente. Não existe nada melhor do que isso? Claro que existe. Para aqueles que vivem em Cristo, a vida terrena é a pior possível.

Cada página e cada promessa da Bíblia nos convidam e nos estimulam com a beleza de uma nova era e de um mundo renovado. O melhor ainda está por vir!

E isso é apenas o começo. Afinal, temos um itinerário e sabemos o que acontecerá em seguida. Que a promessa do porvir conduza sua vida! Faça do céu sua inspiração de vida.

[1] *Melhor é impossível*, dirigido por James L. Brooks (Culver City: TriStar Pictures, 1997).

Aceite a brevidade da vida

Nossos dias na terra são:

- como "uma sombra" (1Crônicas 29:15; Jó 8:9).
- como "um sopro" (Salmos 144:4).
- "como neblina que aparece por um pouco de tempo e depois se dissipa" (Tiago 4:14).
- "como as flores do campo" (Salmos 37:30, NTLH).
- mais rápidos "que a lançadeira do tecelão" (Jó 7:6).

Em minha festa de aniversário de 60 anos, pedi a meus filhos, todos adultos, que prestassem atenção a mais um de meus ensinamentos. É algo ao qual eles já estão acostumados, mas dessa vez ficaram intrigados.

— Imaginem que esta corda corresponde aos meus sessenta anos de vida.

Era uma corda longa e espessa, parecida com aquela de prender barcos ao cais. Enquanto observavam, amarrei uma das pontas em um móvel da sala e atirei a outra ponta pela sacada do segundo andar.

— Agora imaginem que essa corda não tem fim — disse enquanto entregava uma caneta preta a cada um deles. — Essa corda representa minha existência eterna. No contexto da vida imortal que Deus nos prometeu, marquem a corda em um ponto correspondente à duração de minha vida terrena.

Sabendo aonde eu queria chegar, riram e balançaram a cabeça em tom de aprovação. Cada um tentou fazer a menor marca possível até alguém dizer, corretamente: "Pai, até mesmo a menor marca seria grande demais".

Nossa vida terrena é breve assim.

Eis a razão para orarmos: "Mostra-me, Senhor, o fim da minha vida e o número dos meus dias, para que eu saiba quão frágil sou" (Salmos 39:4).

"

QUE A PROMESSA DO PORVIR CONDUZA SUA VIDA! FAÇA DO CÉU SUA INSPIRAÇÃO DE VIDA.

"

Aceitar a brevidade da vida nos dá forças para suportar as dificuldades. "Os nossos sofrimentos leves e momentâneos produzem para nós uma glória eterna que pesa mais do que todos eles" (2Coríntios 4:17). Já que esses dias maus são momentâneos, é possível suportá-los, certo?

Pense o seguinte. Suponha que eu ofereça a você quatro semanas de férias com todas as despesas pagas em qualquer lugar que você escolher. Hotel cinco estrelas, trilhas pelos Alpes, passeios pelas ruínas de Roma... enfim, tudo do bom e do melhor.

A única coisa que você precisa fazer é suportar um mísero segundo de desconforto. Um beliscão, uma alfinetada, uma chama de fósforo na pele.

Você aceitaria minha oferta?

Veja bem, não estou dizendo que câncer, angústia ou depressão equivalem a um beliscão ou uma alfinetada. Estou apenas dizendo que, à luz da eternidade, tudo isso não passa de um breve momento.

Você consegue ser forte por mais alguns momentos?

Aguentar firme por mais um tempinho?

Se sua vida é um pontinho de nada em uma corda sem-fim, não acha que faz sentido depositar toda a sua esperança no restante da corda?

> "ACEITAR A BREVIDADE DA VIDA NOS DÁ FORÇAS PARA SUPORTAR AS DIFICULDADES."

Vislumbre a beleza

"Portanto, já que vocês ressuscitaram com Cristo, dediquem-se às coisas que são do alto, onde Cristo está, assentado à direita de Deus. Pensem nas coisas do alto, não nas coisas da terra. Pois vocês morreram, e a vida de vocês está escondida com Cristo em Deus" (Colossenses 3:1-3).

A lógica de Paulo é clara: ressuscitamos "com Cristo" e estamos "onde Cristo está". Somos cidadãos do céu (Filipenses 3:20), assentados "nas regiões celestiais em Cristo Jesus" (Efésios 2:6). Sabe aquele anseio por algo mais, aquela insatisfação profunda, aquelas perguntas sem resposta que rondam nossa mente? É Deus nos atraindo para ele.

Imagine que alguém amarrou um fio no dedão de seu pé enquanto você dormia. Você percebeu, mas o sono pesado o impediu de reagir. Então, esse alguém começou a puxar o fio e, em algum lugar de seu subconsciente, você sentiu.

Mesmo assim, não conseguiu despertar. Continuou dormindo até seu pé cair para fora da cama e bater no chão. Nesse momento, você desperta de sobressalto e vê o fio. No mesmo instante, alguém dá um puxão tão forte a ponto de erguer seu pé do chão.

O que você faria? Ignoraria o puxão e voltaria a dormir? É o que muitos fazem. Alguém em algum lugar deseja acordar essas pessoas, mas elas se recusam. Cobrem a cabeça com seu travesseiro secular e voltam a dormir.

Mais tarde, porém, recebem um puxão dos grandes: a morte de um amigo, um diagnóstico médico preocupante, um bolo de aniversário já sem espaço para mais velas. Puxões difíceis de ignorar. Você resolve seguir o fio. Atravessa o corredor, passa pela sala e segue para a cozinha, onde sua família o aguarda com uma festa-surpresa.

Deus amarrou um fio em cada um de nós, não no dedão do pé, mas no coração. E ele puxa. Puxa por meio de um pôr do sol magnífico ou pela dor de uma quimioterapia. O desejo dele é nos acordar. E muitas vezes ele consegue. Algumas pessoas acordam, pegam o fio, atravessam o corredor, passam pela sala...

São pessoas que "procuram as coisas do alto, onde Cristo está assentado à destra de Deus"; pessoas que "fixam a mente nas coisas do alto" (Colossenses 3:1-2, tradução livre).

Paulo usa dois verbos fortes nessa passagem. O primeiro, "procurar", significa "cobiçar intensamente, esforçar-se para obter, inquirir, desejar, até mesmo necessitar".[2] A ideia é procurar o céu como o marinheiro procura a costa ou o piloto procura uma pista de pouso.

Caso a palavra "procurar" não chame nossa atenção, Paulo utiliza um segundo verbo, "fixar": "fixam a mente nas coisas do alto". Esse

[2] *Vines expository dictionary of biblical words* (Nashville: Thomas Nelson, 1985), verbete "seek", p. 558.

verbo tem origem em uma palavra grega que significa "voltar a mente para; dedicar-se a".[3]

Certa vez, em 1988, nos mudamos do Rio de Janeiro para San Antonio. Meses antes de nossa partida, alguns amigos nos enviaram uma foto de uma casa que estava à venda. Era uma casinha de tijolos com uma porta marrom e um amplo gramado na frente. Fiquei encantado à primeira vista. Coloquei a foto em nossa cozinha e a observava várias vezes ao dia. Estudei seu exterior e imaginei seu interior. Mostrei a foto às minhas filhas e a examinei com minha esposa. Quando nos mudamos para San Antonio, eu poderia ter identificado aquela casa entre uma dúzia de outras, pois já estava familiarizado com sua fachada antes mesmo de chegar lá.

Cristo quer que você faça o mesmo. Ele mudou sua residência permanente. "Que o céu ocupe os pensamentos de vocês" (Colossenses 3:2, BV). "Pensem nas coisas do alto e não nas coisas da terra" (NVT). "Busquem as coisas norteadas por Cristo" (*A Mensagem*). Essas traduções se combinam em uma única mensagem: fixe sua mente no céu!

Até que ponto o céu ocupa seus pensamentos?

- Viver e morrer são alternativas igualmente atraentes para você?
- Quando você pensa no futuro, imagina o que está além da sepultura?
- Você olha para outros cristãos e pensa: "Daqui a um bilhão de anos ainda seremos amigos?".
- Chegou ao ponto de sentir inveja depois de uma caminhada no cemitério?
- Tem mais planos para seu lar celestial do que para sua casa terrena?
- Alguma vez deixou de comprar alguma coisa depois de pensar que tal objeto não terá nenhum valor no céu?
- Alguma vez ouviu um trovão forte e pensou que Cristo estivesse voltando?
- Já imaginou como será quando se encontrar com seus entes queridos?

[3]Spiros Zodhiates, ed., *The Hebrew-Greek key word study Bible*, NASB 1977 ed., s.v. "set" (Chattanooga: AMG Publishers, 2008), p. 5426.

Um dia sem pensar no céu é um dia mal vivido. A alma precisa contemplar o porvir várias vezes por dia. Você precisa saber o que seus entes queridos estão fazendo no céu. Precisa pensar no arrebatamento, no milênio, na Nova Jerusalém. Imaginar como será a face de Deus. O céu é um alimento absolutamente essencial para sua dieta espiritual. Abra sua mente para as coisas do alto.

Um de meus livros de ilustração para sermões traz a história de um missionário e de seu filho pequeno que se mudaram da Inglaterra para a África Central com outros quatro adultos. Três deles faleceram. Esse pai começou a enfrentar problemas de saúde e resolveu retornar à Inglaterra. Ele e o garoto sacolejaram dias a fio em uma velha carroça até chegar ao litoral, onde embarcaram em um navio para a Inglaterra. Poucas horas depois, uma tempestade violenta os atingiu. O som das ondas e do vento pareciam tiros de canhão e sacudiam o navio de uma ponta à outra. Em um momento de calmaria, o pai abraçou seu filho para aquecê-lo. E ouviu a seguinte pergunta:

— Pai, quando teremos uma casa que não balança?[4]

“UM DIA SEM PENSAR NO CÉU É UM DIA MAL VIVIDO.”

Não posso confirmar a história, pois o livro em que a li não cita a fonte, mas posso, sem dúvida alguma, confirmar a legitimidade da pergunta. Afinal, eu mesmo já me perguntei isso. Você também já deve ter feito o mesmo. Cada ser humano que passou por este mundo repleto de turbulências e tremores já fez esta mesma pergunta:

— Deus, quando terei uma casa que não balança?

— Em breve, muito em breve — é a resposta de Deus.

Em seu livro *A Viagem do Peregrino da Alvorada*, C. S. Lewis escreve sobre Ripchip, um ratinho valente que resolveu encontrar a terra de

[4]A. Gordon Nasby (org.), *1041 sermon illustrations, ideas and expositions* (Baker Book House, 1953), verbete #282, p. 102.

Aslan. "Enquanto eu puder, navego para o leste no Peregrino da Alvorada. Se ele me abandonar, remo para o leste em meu *coracle*. Quando ele afundar, hei de nadar para o leste com minhas quatro patas. E, quando não puder mais nadar, se eu não tiver alcançado o país de Aslan ou tiver sido lançado por cima da borda do mundo em alguma vasta catarata, hei de afundar com o focinho voltado para o nascer do sol."[5]

Que Deus desperte em nós o mesmo anseio! Que possamos navegar, remar, nadar e, se necessário, morrer com o nariz voltado para o alvorecer, deleitando-nos com o dia em que finalmente estaremos em casa!

O Antigo Testamento fala de um grupo de homens da tribo de Issacar que foi elogiado por compreender sua época e saber como agir (1Crônicas 12:32): duas convicções que andam de mãos dadas na vida de um cristão saudável. Cientes, portanto, de que nosso Salvador retornará em breve, como devemos viver? Como nos preparar? O que fazer enquanto aguardamos?

No século 18, moradores da Nova Inglaterra se viram obrigados a encontrar respostas para perguntas semelhantes. Pela manhã do dia 19 de maio de 1780, o céu escureceu de tal modo que parecia noite. Aves retornaram a seus ninhos, animais reagiram amedrontados, o comércio fechou as portas e a população entrou em pânico. Mais de uma pessoa se perguntou se o fim do mundo havia chegado.

A assembleia legislativa de Connecticut estava em plena reunião. Os políticos viram a escuridão cada vez mais intensa e, como os demais, imaginaram que algo apocalíptico estivesse acontecendo. Um legislador propôs suspender a sessão para que todos pudessem voltar para casa e colocar as coisas em ordem para o juízo final. Abraham Davenport, um senhor de 65 anos de Stamford, se manifestou contrário à suspensão.

> O dia do juízo pode ter chegado ou não. Se não chegou, não há razão para suspendermos a sessão. Se chegou, prefiro ser encontrado cumprindo meu dever. Proponho, portanto, acendermos velas.

Seu raciocínio prevaleceu. Acenderam velas e, mais tarde, a escuridão passou. O eclipse misterioso havia sido causado pela fumaça de um

---

[5] C. S. Lewis, *A Viagem do Peregrino da Alvorada* (Rio de Janeiro: HarperCollins Brasil, 2023), p. 206.

incêndio florestal no Canadá, arrastada pelo vento até a Nova Inglaterra.[6] Jesus não retornou naquele dia, mas retornará, e muito em breve.

Nesse ínterim, continue com sua vida. Ame sua família, faça seu trabalho, trate os pobres com bondade, ouça os aflitos, compartilhe o evangelho, estimule as pessoas a se prepararem e a estarem prontas. Seja como o sr. Davenport: "Prefiro ser encontrado cumprindo meu dever".

"Considerando que tudo que hoje está bem amanhã poderá não estar mais, percebem como é importante viver uma vida santa? Esperem ansiosos pelo Dia de Deus todos os dias" (2Pedro 3:11-13, *A Mensagem*).

Não sabemos quando nosso Senhor retornará, mas sabemos que virá. Que ele nos encontre atentos e vigilantes!

[6]Jimmy Evans, *Tipping point — the end is here* (Southlake: XO Publishing, 2020), p. 92.

MATERIAL ADICIONAL DO MAX

O Sermão do monte das Oliveiras

O Sermão do monte das Oliveiras foi pregado por Jesus três dias antes de sua crucificação, e foi registrado em Mateus 24—25, Marcos 13 e Lucas 21. É um texto que se ocupa sobretudo do futuro, pois descreve os sete anos de tribulação que ocorrerão antes da segunda vinda de Cristo. Uma alternativa comum é interpretar o sermão como se referindo à destruição de Jerusalém em 70 d.C. Eu discordo dessa visão. Por vários motivos, parece claro que Jesus estava falando do "fim" do fim dos tempos. Ao se referir à geração da profecia, Jesus afirmou: "Eu lhes asseguro que não passará esta geração até que todas estas coisas aconteçam" (Mateus 24:34). A frase "todas estas coisas" não inclui a destruição de Jerusalém, mas o retorno vitorioso de Cristo (24:29-31) e o julgamento de "ovelhas" e "bodes" — aqueles que estenderam a mão aos irmãos de Jesus e aqueles que não o fizeram (25:31-46). Uma vez que nenhuma geração até agora experimentou "todas estas coisas", Jesus provavelmente se referia a uma geração vindoura. Além disso, ele fala de uma devastação futura: "Porque haverá então grande tribulação, como nunca houve desde o princípio do mundo até agora, nem jamais haverá" (24:21). Sem dúvida, a destruição de Jerusalém foi desoladora. Contudo, não foi um calamidade única, sem igual. Jesus reservou esses adjetivos para um evento que ainda ocorrerá: a grande tribulação.

A profecia de Daniel

Algo notável nesse caso é que os essênios da região do mar Morto — um grupo de judeus que seguiam regras estritas de pureza e santidade — foram muito influenciados pelo livro de Daniel e por outros escritos apocalípticos, especialmente Isaías, que prediziam o final da velha era e a chegada do reino de Deus. Eles aguardavam a vinda de um messias que os salvaria da opressão e restauraria Israel. Não sabemos se tiveram contato com os seguidores de Jesus, mas suas crenças e práticas eram similares às do cristianismo primitivo, e eles eram especialmente atentos a essa profecia em particular.

O monte do Templo

O monte do Templo tem o metro quadrado mais disputado da Terra. No momento em que escrevo, ele é ocupado pelo Domo da Rocha, um santuário mulçumano. Qualquer sugestão de um terceiro templo judeu parece loucura. No entanto, por centenas de anos, a existência de um Estado judaico era inimaginável. E, em maio de 1948, o inimaginável se tornou realidade. Os "quem", "quando" e "como" dessa reconstrução não foram revelados a nós. As Escrituras falam de um terceiro templo e de um templo milenar. O terceiro templo é profetizado por Jesus e por Paulo como o lugar em que o Anticristo exigirá ser adorado e cometerá sacrilégio (Daniel 9:27; 11:36-45; Mateus 24:15; 2Tessalonissences 2:3-4). O templo milenar será erguido pelo Messias (Zacarias 6:12,13) e envolverá tanto judeus como gentios (Ageu 2:7; Zacarias 6:15). The Temple Institute [Instituto do Templo] e o Temple Mount and Eretz Yisrael Faithful Movement [Movimento dos fiéis do monte do Templo e de Israel] são as principais organizações judaicas responsáveis pelos preparativos para o terceiro templo.

Mais razões para posicionar o arrebatamento antes da tribulação

O texto de Apocalipse 4—18, que contém a descrição mais detalhada da tribulação na Bíblia, não faz menção alguma à igreja. O termo aparece dezenove vezes nos três primeiros capítulos do livro, mas não é citado uma única vez nos quatorze capítulos que seguem.

Jesus é descrito como aquele que "nos livra da ira que há de vir" (1Tessalonicenses 1:10). Paulo declara de forma clara: "Porque Deus não nos destinou para a ira, mas para recebermos a salvação por meio de nosso Senhor Jesus Cristo" (5:9).

Apocalipse 19:14 apresenta a igreja entre os "exércitos dos céus" vindo com Jesus na Batalha do Armagedom. A igreja não pode vir com Cristo a não ser que, antes, estivéssemos no céu com ele.

PERGUNTAS PARA REFLEXÃO

PREPARADAS POR SAM O'NEAL

CAPÍTULO 1
PRONTO PARA PARTIR

Ideia central: Podemos encarar os problemas da vida por meio das promessas do porvir. É natural e saudável nos interessarmos pelas coisas que acontecerão, pois compreender o futuro nos dá forças para enfrentar o presente.

1. O que você achou mais interessante nesse capítulo?
2. Tendo em vista a eternidade, o que significa estar "pronto para partir"?
3. Um ensinamento que a Escritura traz repetidas vezes sobre o futuro é "tudo tem a ver com esperança".
   - Você percebe um sentimento de desesperança em nosso mundo? Em sua comunidade? Por favor, explique.
   - De que maneira o plano de Deus para o futuro traz esperança para você?
4. Outro tema que se repete na Escritura é "tudo tem a ver com Jesus".
   - Leia 1Coríntios 15:12-20. O que podemos aprender a respeito de Jesus nessa passagem?
   - O que podemos compreender sobre o futuro a partir dessa passagem?
5. De que maneira Jesus tem trazido esperança para você? (Pense em três ou mais ocasiões específicas em que você precisou de esperança.)
6. Leia o que Jesus disse em Mateus 24:3-14 a respeito do período próximo ao fim dos tempos. Quais sinais específicos Jesus disse que precederiam seu retorno?
8. Como seguidores de Jesus, de que maneira podemos sair por aí gritando "já são 45 do segundo tempo!" em nossa comunidade, em nossa sociedade?

9. Lucado se referiu à profecia bíblica como duas tribos no deserto de Serengeti — de um lado, um grupo acanhado; do outro, uma turma de caçadores valentões. Em que lado desse espectro você se encaixa?
10. O que você espera aprender na primeira seção deste livro?

Aplicação: Faça uma pausa para refletir sobre as principais dúvidas que surgiram em sua mente no início deste livro. Quais dessas dúvidas você tem mais interesse em resolver? Escreva seus questionamentos em um diário dedicado exclusivamente a este livro.

> *Senhor, como cidadão do reino celestial, creio sinceramente que estou pronto para partir. À medida que prossigo neste livro, peço que me mostre em que áreas ainda não estou preparado para a eternidade ou qualquer outra coisa em meu estilo de vida ou em meus pensamentos que precisam mudar em relação às suas promessas para o futuro.*
> *Em nome de Jesus, amém.*

CAPÍTULO 2
PARECE UM REINO

Ideia central: O plano de Deus para o jardim do Éden era que a humanidade tivesse domínio sobre o mundo, que governasse como seus representantes. Esse plano foi pausado por causa do pecado, mas não abandonado.

1. O que mais surpreendeu você no capítulo 2?
2. O que chamou sua atenção na leitura da história da Criação? Quais detalhes dessa história têm a ver com o momento que você está vivendo agora?
3. Grande parte do plano de Deus para o jardim do Éden tinha a ver com o conceito de domínio. Em suas próprias palavras, o que significa quando se diz que Adão e Eva foram criados para dominar sobre as plantas, os animais, a terra e o mar?
4. De acordo com Lucado, Deus "suspendeu o projeto do jardim do Éden, temporariamente. Ele não cancelou nem abandonou o projeto. E certamente não desistiu de nós".
    - De que maneira você percebe mais claramente a realidade do pecado em nosso mundo?
    - De que maneira você percebe ou sente a presença e o carinho de Deus mais claramente em meio ao nosso mundo pecador?

5. Leia 1Coríntios 15:45-49 e cite as principais semelhanças, e também as principais diferenças, entre Jesus e Adão.
6. Lucado escreve que a "mensagem maior da Bíblia fala da busca incansável de Deus por seus filhos". Alguma vez sentiu Deus buscando você? Por favor, explique.
7. O que mais chamou sua atenção em seu primeiro contato com o evangelho? Como reagiu diante da verdade de que Jesus morreu para salvar você? Houve algum obstáculo que você precisou superar a fim de aceitar essa mensagem?
8. Uma verdade bíblica fundamental é que Deus terminará o que começou. Mais especificamente, Deus restaurará o jardim do Éden. Isso significa que algum dia seus seguidores reinarão e governarão com Jesus.
9. Leia Lucas 22:29-30. O que essa passagem fala a respeito de nossa identidade e de nosso propósito?
10. Quais obstáculos o impedem de aceitar tudo que Deus ofereceu a você por meio de Cristo?

Aplicação: Em uma folha de papel, faça duas colunas e, em uma delas, escreva seus sonhos e esperanças para seu futuro ainda neste mundo decaído. Na outra coluna, escreva seus sonhos e esperanças para sua vida futura no mundo perfeito de Deus.

Pai celestial, aceito a verdade de que o Senhor tem um destino eterno planejado para mim. Aceito a verdade de que todos os aspectos desse futuro, incluindo meu próprio futuro, estão em suas mãos. Também aceito meu destino de reinar e governar junto com meu Salvador no porvir. Em nome de Jesus, amém.

CAPÍTULO 3
ALIANÇAS CATIVANTES

Ideia central: Como seres humanos, não flutuamos em um vácuo de incertezas. Ao contrário, toda a criação está ancorada em diversas alianças importantes com Deus. Independentemente do que aconteça, Deus cumprirá tudo o que prometeu. Já passou pela sua cabeça que os pactos de Deus incluem você? Como isso afeta seu pensamento sobre esta vida e a próxima?

1. Como você descreveria uma aliança? O que torna uma aliança com Deus diferente de uma aliança entre seres humanos?
2. Lucado escreve que o "fim dos tempos fará mais sentido se você souber o que Deus prometeu inicialmente. Suba comigo sobre o fundamento das alianças cativantes de Deus." Quais alianças ou promessas de Deus você considera mais fundamentais para sua fé?
3. Que promessa Deus fez à humanidade por meio de sua aliança com Adão e Eva?
4. A aliança de Deus com Abraão estava fundamentada na promessa dupla da "semente" e da "terra". Como essas promessas impactaram o povo judeu ao longo da história?
5. Leia 2Samuel 7:12-16 a respeito da aliança de Deus com Davi, uma aliança que apontava para a vinda do Messias.
   - Quais promessas dessa passagem apontam para Jesus? Quais são específicas para Salomão, filho de Davi?
   - Quais já foram cumpridas? Quais serão cumpridas futuramente?
6. Quais promessas Deus fez ao povo judeu por meio de sua aliança com Jeremias?
7. Por que essas alianças são importantes? De que maneira essas promessas contribuem para sua compreensão a respeito do plano de Deus para a história? Como contribuem para sua compreensão sobre o caráter de Deus?
8. De que maneira a compreensão dessas promessas amplia seu entendimento das coisas que acontecerão daqui para frente, incluindo o fim dos tempos?
9. A ideia de que nosso Pai celestial está no controle da história deve acalmar nossa ansiedade a respeito do futuro. Quais obstáculos ou incertezas ainda importunam você a respeito das coisas que vêm por aí?

Aplicação: Durante a semana, converse com alguém sobre uma ou mais dessas alianças. Explique o que você aprendeu sobre como as alianças de Deus contribuem não apenas para nosso entendimento do passado, mas também para nossa expectativa acerca do futuro.

> *Pai celestial, aceito a verdade de que o Senhor sempre cumpre suas promessas. O Senhor foi fiel comigo no passado, portanto entrego meu futuro em suas mãos. Por favor, me mostre alguma área de minha vida em que ainda existem dúvidas, temores ou ansiedades que se interpõem entre nós. Em nome de Jesus, amém.*

CAPÍTULO 4
O PLANO DE DEUS PARA AS ERAS

Ideia central: Daniel 9 é um capítulo importantíssimo do Antigo Testamento porque nos fornece uma linha do tempo confiável para grande parte da história humana. A exatidão dessa linha temporal nos traz a convicção de que as profecias bíblicas são confiáveis, em relação tanto ao passado como ao futuro.

1. O que mais surpreendeu você durante a leitura do capítulo 4? Por favor, explique.
2. Leia a profecia das setenta semanas em Daniel 9:20-27. Qual é sua opinião sobre essa linha temporal para a história bíblica?
3. Quais promessas específicas Deus fez a Daniel nessa passagem?
4. Grande parte profecia de Daniel se refere ao Messias. Em que pontos você enxerga uma ligação direta com Jesus nessa passagem?
5. A profecia de Daniel abrange um período de 490 anos dividido em três blocos: 49 anos, 434 anos e um período final de sete anos. Como você explicaria o motivo para essa divisão?
6. De acordo com Lucado: "Deus interrompeu a contagem regressiva desses 490 anos quando o ponteiro chegou a 483. Em outras palavras, o Senhor apertou o botão de pausa no momento em que os judeus rejeitaram o Messias. Existe uma lacuna entre os anos 483 e 484, um hiato entre os acontecimentos apresentados em Daniel 9:26 e 9:27". O que deve acontecer nesses sete anos finais?
7. O que você aprendeu nesse capítulo acerca daquele período futuro geralmente referido como tribulação?
8. Durante essa pausa na linha temporal da profecia de Daniel, Deus inseriu a igreja na história, motivo pelo qual hoje vivemos a era da igreja. O que torna a existência da igreja um fator importantíssimo para o plano maior de Deus para a humanidade?
9. Quais razões Lucado mencionou para confiarmos nas profecias bíblicas?
10. De que maneira o capítulo 4 (incluindo os anteriores) ajudou você a se preparar para o que vem por aí?

Aplicação: Escreva suas dúvidas a respeito da linha temporal em Daniel 9 ou qualquer outra questão que você gostaria de estudar com mais profundidade.

Em seguida, separe um tempinho para buscar respostas a essas questões e tome nota de tudo que encontrar.

> *Senhor Jesus, creio que o senhor é o protagonista principal de toda a história bíblica e da história da humanidade. O senhor é o Messias que Gabriel mencionou a Daniel e também o descendente de Davi cujo reinado jamais terá fim. Por favor, me oriente enquanto prossigo aprendendo a respeito dos seus planos e por favor me conceda força e confiança para encarar o futuro com fé. Em seu nome, oro, Senhor Jesus, amém.*

CAPÍTULO 5
E ESSE TAL DE MILÊNIO?

Ideia central: Existe um grande debate a respeito do milênio de Apocalipse 20. Contudo, há muitas razões para crermos em um período literal de mil anos em que reinaremos e governaremos com Cristo.

1. Esse capítulo lhe trouxe novas ideias a respeito do milênio? Por favor, explique.
2. Quais frases e imagens mais chamaram sua atenção na leitura de Apocalipse 20:1-6?
3. Lucado menciona quatro maneiras de interpretar os mil anos descritos em Apocalipse 20. Em suas próprias palavras, como você explicaria cada uma dessas interpretações?
    - amilenismo
    - pós-milenismo
    - pré-milenismo
    - pan-milenismo
4. Em sua opinião, quais dessas interpretações está mais alinhada com a Bíblia? Por quê?
5. Lucado explica seu posicionamento pré-milenista com diversos argumentos. Você se lembra deles? Poderia citá-los?
6. Qual desses argumentos em favor do pré-milenismo é mais convincente para você? Por quê?
7. Quais promessas bíblicas relacionadas ao milênio ainda não foram cumpridas?

8. O que você aprendeu a respeito de Satanás depois de ler o capítulo 6?
9. Sua opinião e seu entendimento sobre o fim dos tempos mudaram com o tempo? Se sim, de que maneira?
10. Relembre os quatro pilares ou fundamentos que Lucado apresentou na parte 1. Quais deles parecem mais importantes para você com relação às coisas que estão por vir? Por quê?

Aplicação: Verifique o posicionamento doutrinário de sua igreja ou denominação e veja se inclui alguma declaração a respeito do milênio. Se houver, qual é sua opinião a respeito dessa declaração? Se não houver, considere entrar em contato com um de seus pastores para verificar se sua igreja tem algum posicionamento sobre o assunto.

> *Pai celestial, louvo o Senhor por sua autoridade sobre a história. O Senhor sabe como tudo acabará e tem agido soberanamente desde o princípio. Obrigado pelas promessas de um futuro cheio de paz, prosperidade e alegria. Em nome de Jesus, amém.*

CAPÍTULO 6
O POVO DO PARAÍSO

Ideia central: "Para onde vão os mortos?", essa é uma pergunta que tem assombrado e intrigado a humanidade ao longo da história. Felizmente, existe uma resposta. Os seguidores de Jesus não precisam ter medo da morte.

1. Em que momento você começou a considerar essa questão?
2. Antes de ler este capítulo, como teria respondido à pergunta "para onde vão os mortos?"
3. Você mudou de ideia depois de ler este capítulo? Se sim, em que sentido?
4. Como explicaria o conceito de paraíso para alguém que nunca ouviu falar disso? (Por exemplo, de que maneira o paraíso é diferente do céu?)
5. Quais são os três tipos de céu mencionados na Escritura?
6. Leia Lucas 23:39-43. O que Jesus falou sobre o paraíso enquanto morria na cruz? O que essa passagem revela acerca do momento em que entraremos no paraíso?

7. De acordo com Lucado, a primeira coisa que acontecerá conosco quando chegarmos ao paraíso será a cura da nossa alma. Como você enxerga essa cura? O que ela representa para você?
8. Lucado escreve que os santos que estão no paraíso passam o tempo orando por aqueles que ainda vivem na terra. Essa ideia traz consolo para você? Por favor, explique.
9. Com base nesse capítulo, o que você mais deseja experimentar ou curtir no paraíso?

Aplicação: A ideia de que os santos no paraíso intercedem e torcem por aqueles que ainda estão na terra é muito bacana. Escreva o nome de alguns entes queridos que você conheceu e que hoje estão no paraíso. O que imagina que eles diriam para você se pudesse ouvi-los? O que acha que eles pedem a Deus quando oram por você?

> *Senhor meu e Deus meu, enquanto penso em quais nomes escrever, agradeço ao senhor por estar cuidando dos meus entes queridos no paraíso. Muito obrigado, Senhor, pelo grande amor que tem demonstrado a meus entes queridos e agradeço pela oportunidade de poder continuar amando-os por toda a eternidade. Em nome de Jesus, amém.*

CAPÍTULO 7
O REBELDE E O RESGATE

Ideia central: O arrebatamento é a próxima grande etapa da linha temporal de Deus para a história. Quando esse dia chegar, todos os filhos de Deus subirão ao céu para se encontrar com Cristo no paraíso, porém o restante da humanidade permanecerá na terra e sofrerá nas mãos de um monstro chamado Anticristo.

1. O que mais chamou sua atenção nesse capítulo? Por favor, explique.
2. Como você explicaria o termo grego *harpazo,* utilizado na Escritura para se referir ao arrebatamento?
3. De acordo com Lucado, uma das promessas bíblicas para o futuro se refere à vinda de um vacilão chamado Anticristo. Leia Daniel 8:23-25. O que podemos inferir acerca do Anticristo a partir dessa passagem?

4. Leia também Apocalipse 13:1-10. De que maneira essa passagem melhora seu entendimento sobre quem será o Anticristo e o que ele fará?
5. Lucado escreve que os seguidores de Jesus não terão de passar pelos horrores do Anticristo porque serão arrebatados. "Depois de um comando de Jesus, os cristãos serão transportados para a presença de Cristo. Esse resgate pode acontecer a qualquer momento e será efetivado no momento de encerramento da 'era da igreja'".
   - Depois de ler esse capítulo, quais verdades você compreendeu sobre o arrebatamento?
   - O que você pensa sobre a ideia de que o arrebatamento pode acontecer a qualquer momento? O que isso significa para sua vida?
6. Leia 1Tessalonicenses 4:16-18. Quais verdades sobre o arrebatamento a passagem revela?
7. O arrebatamento não impactará somente os cristãos que estiverem vivos naquele dia. Também os corpos de cristãos que morreram serão ressuscitados e resgatados. O que você espera de seu futuro corpo celestial?
8. Com base em sua experiência e compreensão de Deus, de que maneira o arrebatamento reflete a natureza e o caráter dele?

Aplicação: Faça uma pausa para avaliar sua vida nos últimos meses: sua rotina, trabalho, relacionamentos, finanças, hábitos etc. Quais aspectos você gostaria de mudar ou ajustar se soubesse que o arrebatamento ocorreria amanhã cedo?

> *Senhor Jesus, creio na verdade de que é meu Salvador e tem um plano para salvar seus filhos. Sou muito grato por ter me incluído nesse plano. Assumo o compromisso de vigiar e me preparar enquanto realizo o trabalho que o Senhor me chamou para fazer e aguardo seu retorno. Em seu nome, Jesus, eu oro. Amém.*

CAPÍTULO 8
COROADOS POR CRISTO

Ideia central: Depois do arrebatamento, a primeira coisa que faremos no paraíso será passar por um julgamento, não para sermos punidos, mas para sermos recompensados por nosso serviço fiel. Primeiro seremos honrados por Cristo, depois será nossa vez de honrá-lo.

1. O que você mais gostou nesse capítulo? Por favor, explique.
2. Leia 2Coríntios 5:9-11. Como você se sente diante da expectativa desse futuro julgamento no paraíso?
3. Como você descreve ou explica o termo *bēma*, traduzido por "tribunal" na passagem? O que esse termo significava para os primeiros leitores de Paulo?
4. De acordo com Lucado, "Deus nos empresta tempo, talento e tesouros. Nossa recompensa está associada ao modo que os usamos. Que todo cristão viva com o propósito de receber sua coroa!".
   - Cite alguns dos principais recursos ou talentos que Deus tem concedido a você para que sejam usados no reino.
   - O que significa para você usar esses recursos de forma digna de elogio e recompensa no dia do tribunal de Cristo?
5. Uma das recompensas que talvez recebamos é a coroa do autocontrole (1Coríntios 9:25). O que é necessário acontecer aqui na terra para recebermos essa coroa no paraíso?
6. Outra possível recompensa é a coroa da influência (1Reis 2:19). Como você descreve essa coroa?
7. Em seguida, a coroa da vida (Tiago 1:12). O que é essa coroa e como a recebemos?
8. Paulo menciona a coroa da justiça em 2Timóteo 4:7-8. O que é necessário para recebermos essa coroa no paraíso?
9. A recompensa final de que trata esse capítulo é a coroa da glória (1Pedro 5:4). O que é essa coroa e como podemos recebê-la?
10. O tribunal de Cristo será o momento em que receberemos nossas coroas e, logo em seguida, as ofereceremos a ele. Colocaremos aos pés de Jesus todas as recompensas que recebermos. Imagine você nesse momento e descreva o que vê.

Aplicação: Reflita de modo prático e honesto sobre as cinco coroas mencionadas nesse capítulo. Você está vivendo de modo merecedor de alguma dessas coroas? Aplique sua resposta a cada uma delas.

Coroa do autocontrole
Coroa da influência
Coroa da vida

Coroa da justiça
Coroa da glória

Senhor Jesus, quero construir uma vida digna do Senhor, uma vida que contribua para seu reino. Confesso todas as minhas ações e atitudes que passaram muito longe do seu padrão. Peço que me encha com seu Espírito, que me oriente e me purifique para que eu me torne digno de reconhecimento quando estiver diante do Senhor no paraíso. Em seu nome, Senhor Jesus, amém.

CAPÍTULO 9
UM CASAMENTO CELEBRADO NO CÉU

Ideia central: Depois do tribunal de Cristo, haverá outro acontecimento grandioso no paraíso: o banquete de casamento do Cordeiro. A igreja (isto é, todos os salvos por Cristo) se unirá a Jesus em um momento de alegria interminável.

1. Quais perguntas vieram à sua mente ao ler esse capítulo ou quais informações você gostaria que fossem esclarecidas?
2. O que a Escritura quer dizer ao se referir à igreja como noiva de Cristo?
3. Quando a Escritura descreve o povo de Deus como noiva de Cristo, quais sentimentos essa imagem desperta em você?
4. Pense nas festas de casamento de que você participou. Que ligação você vê entre esses eventos e nosso relacionamento com Deus?
5. Leia Apocalipse 19:7-9 sobre o banquete de casamento de Cristo (o Cordeiro) e sua noiva. Quais palavras descrevem esse momento futuro?
6. Lucado escreve sobre Jesus em busca de sua noiva. Faça uma retrospectiva e identifique uma ou mais maneiras que Jesus buscou seu coração.
7. Lucado também escreve que Jesus comprou sua noiva: “No primeiro século, o noivo se obrigava a entregar uma soma em dinheiro ao pai da noiva. A medida do amor do noivo era percebida no preço que estava disposto a pagar. Jesus exprime seu amor da mesma forma”.
   - Que preço Jesus pagou por nossa salvação?
   - Por que é significativo o fato de que Jesus se dispôs a pagar esse preço em nosso favor?

8. Nesse capítulo, o que você aprendeu sobre costumes judaicos de noivado e casamento da época de Jesus?
9. De que maneira essas informações contribuem para seu entendimento da igreja como noiva de Cristo?
10. Ser "noiva de Cristo" significa ser separado, ser santo. O que significa viver de modo santo?

Aplicação: Lucado propõe: "Que o dia de seu casamento determine como você vive hoje". Separe alguns minutos para refletir sobre a ligação entre sua vida presente e sua participação futura no banquete de casamento do Cordeiro. Anote coisas específicas pelas quais seu noivado com Cristo pode ajudar você a lidar com os desafios e as oportunidades de sua vida hoje.

> *Pai celestial, aceito tudo o que o Senhor pretende fazer em mim a fim de me preparar para o banquete de casamento do Cordeiro com sua noiva. Aceito a santidade e o arrependimento do pecado. Aceito a fidelidade e a verdade. Aceito viver de um modo que honre e agrade ao meu Noivo. Em nome de Jesus, amém.*

CAPÍTULO 10
DEPOIS QUE OS SANTOS VIEREM MARCHANDO

Ideia central: Enquanto os santos estiverem celebrando no paraíso, o restante da humanidade enfrentará uma experiência muito diferente na terra. A tribulação será um tempo de caos e destruição sem precedentes.

1. Imagine por um instante o caos e a destruição da tribulação. Como você descreveria esse período?
2. Cite alguns dos principais métodos pelos quais Deus chama nossa atenção e nos atrai para si.
3. Em sua opinião, por que algumas pessoas rejeitam Deus?
4. O que esse capítulo ensinou a você sobre o período de sete anos chamado de "tribulação"?
5. Leia 2Tessalonicenses 2:9-10. De que maneira essa passagem contribui para seu entendimento de quem é o Anticristo e do que ele fará?
6. O livro de Apocalipse apresenta uma imagem detalhada e perturbadora do sofrimento da humanidade durante a tribulação. Faça uma leitura rápida

dos capítulos 6—16 e descreva o que acontecerá nos seguintes estágios desse período de sete anos:

- Os sete selos (Apocalipse 6)
- As sete trombetas (Apocalipse 8—9; 11)
- As duas testemunhas (Apocalipse 11)
- As duas bestas (Apocalipse 13)
- As sete taças (Apocalipse 15—16)

7. Qual dos julgamentos apresentados nesses capítulos parece mais assustador para você? Por favor, explique.
8. Você observa em nosso mundo de hoje alguma evidência do caos vindouro? Explique.
9. O que podemos aprender com a tribulação sobre a natureza e o caráter de Deus?
10. Cite alguns bons motivos para aprender sobre a tribulação, mesmo para quem já é salvo.

Aplicação: Gaste alguns minutos lendo algumas manchetes sobre as coisas que estão acontecendo ao redor do mundo e identifique temas ou acontecimentos que correspondem ao que estudamos sobre a tribulação.

Pai Celestial, oro por todas aqueles que passarão pelos horrores da tribulação. Peço misericórdia para a humanidade durante esses sete anos e peço especialmente que o Senhor poupe o maior número possível de pessoas de passar por essa desgraça. Por favor, derrame seu Espírito sobre todas as nações e convença as pessoas do pecado de todas as maneiras possíveis. Em nome de Jesus, amém.

CAPÍTULO 11
AGORA QUE O CAOS CHEGOU

Ideia central: Mesmo durante os momentos mais difíceis da tribulação, Deus não abandonará a humanidade. O reinado do Anticristo será terrível, mas Deus fará uma grandiosa colheita de almas.

1. O que você achou mais interessante ou curioso nesse capítulo? Explique.
2. Você se identificou com um ou mais momentos específicos da história de Daniel? Se sim, quais?

3. Identificou-se com alguma parte da história de Emily? Se sim, qual?
4. Se o arrebatamento ocorresse amanhã, como sua comunidade seria afetada?
5. Se antes do arrebatamento você fosse amigo de Daniel e o ouvisse dizendo: "não preciso de um salvador", como interagiria com ele?
6. Como você reagiria diante da carta de Pop a Daniel?
7. Lucado sugere que todos aqueles deixados para trás durante a tribulação deveriam ler Apocalipse 5. Separe um tempinho para ler esse capítulo.
   - Quais imagens parecem mais fortes e interessantes nesse capítulo? Por favor, explique.
   - De que maneira esse capítulo contribui para seu entendimento sobre a pessoa e a obra de Jesus?
8. Por que é importante sabermos que Jesus tem autoridade para abrir os selos do rolo mencionado em Apocalipse 5?
9. O ministério dos 144 mil judeus evangelistas e das duas testemunhas de Apocalipse 11 conduzirá uma quantidade enorme de pessoas à salvação durante a tribulação. Quais fatores poderiam induzir as pessoas a aceitar o evangelho nesse período?
10. Como seguidores de Jesus, que oportunidades temos de ajudar outras pessoas a se prepararem para o arrebatamento e a tribulação?

Aplicação: Faça uma lista de amigos e membros de sua família que, em sua opinião, talvez não sejam salvos e assuma o compromisso de orar por cinco pessoas dessa lista todos os dias por uma semana.

Pai Celestial, sou muito grato porque mesmo durante a tribulação o Senhor permanecerá ativo e salvando almas. Desejo fazer a mesma coisa hoje. Peço, portanto, ao Espírito Santo que me conceda olhos para reconhecer pessoas em meu círculo de amigos e familiares que ainda não fazem parte do reino. Por favor, conceda-me as palavras certas que possam ajudá-los a chegar à convicção do pecado e à salvação. Use-me para transmitir sua graça e sua verdade. Em nome de Jesus, amém.

CAPÍTULO 12
AS COROAS E O CARMESIM

Ideia central: Jesus veio a primeira vez como o Cordeiro de Deus que tira o pecado do mundo, mas retornará como o Rei dos reis que julga o pecado do mundo.

1. Quais dúvidas vieram à sua mente ao ler esse capítulo?
2. Como você descreveria a natureza e o caráter de Jesus?
3. De acordo com Lucado, o retorno de Jesus "é o ponto central das profecias e o tema predominante nas Escrituras". Em sua opinião, por que o retorno de Jesus será um acontecimento tão importante para a história?
4. Leia o que Jesus falou a respeito de seu retorno em Mateus 24:29-31.
   - Quais ideias ou imagens chamam sua atenção nessa passagem? Por favor, explique.
   - Cite alguns motivos possíveis pelos quais as pessoas na terra se lamentarão ao verem os sinais do retorno de Jesus?
5. Qual é o significado de Jesus retornar com várias coroas na cabeça?
6. Lucado escreveu: "Cavalo branco, coroas, olhos flamejantes, manto ensanguentado. Não estamos mais falando de um bebê fofinho, mas de um Rei poderoso e cheio de ira". De que maneira essa descrição se encaixa em seu entendimento sobre o caráter de Jesus? Sobre a missão e o propósito dele?
7. Quando Jesus retornar, julgará e condenará todos que se rebelaram contra seu reino. A essa altura da história, quais oportunidades os rebeldes terão de reconhecer seu erro e se arrepender?
8. Por que é necessário que Jesus julgue e condene como verdadeiro Rei do mundo?
9. O que traz a você a convicção de que Jesus cumprirá a promessa de retornar e julgar todos os inimigos de Deus?
10. Como devemos entender a verdade bíblica de que todo joelho se dobrará e toda língua confessará o senhorio de Jesus (Filipenses 2:11)? O que isso significa na prática?

Aplicação: Se possível, exprima sua adoração a Jesus por meio da postura física de se ajoelhar. Ajoelhe-se em submissão a seu Salvador e confesse com os lábios que ele é o Senhor. Declare-o Senhor de todas as áreas de sua vida, especialmente aquelas em que você tem dificuldade de se submeter a ele.

Senhor Jesus, declaro neste momento que o Senhor é Rei: Rei do universo, Rei do mundo, Rei dos reis. O Senhor é meu Rei, portanto me ajoelho em submissão ao Senhor. Confesso com minha língua seu senhorio absoluto. Que sua vontade seja feita agora e no final desta era! Em seu nome, Senhor Jesus, amém.

CAPÍTULO 13
DEUS RESTAURARÁ SEU JARDIM

Ideia central: O milênio é um conceito que muitas vezes causa confusão e discussão entre os estudiosos da Bíblia, porém a mensagem geral da Escritura remete a um período futuro de mil anos de paz, prosperidade e alegria na terra.

1. O que você mais gostou nesse capítulo? Por favor, explique.
2. Você observa indícios de que a sociedade atual anseia por um mundo melhor, um mundo perfeito? Se sim, descreva suas observações.
3. Lucado apresentou três motivos pelos quais é impossível termos uma utopia em nosso mundo atual. Por favor, explique cada um desses motivos.
    - Satanás está solto.
    - Jesus não é bem-vindo.
    - Nossos governantes são injustos.
4. Cite algumas ocasiões em que você experimentou cada uma dessas realidades em sua vida. (Em outras palavras, quais indícios você encontrou da veracidade de cada uma dessas três declarações?)
5. Leia Apocalipse 20:1-6. O que a visão do apóstolo João revela a respeito do milênio? Quais ideias ou imagens se destacam para você nessa passagem? Por favor, explique.
6. Durante o milênio, Satanás será retirado de nosso mundo por mil anos. De que maneira essa realidade, sozinha, transformará o mundo?
7. Além de prender Satanás, Jesus assumirá seu lugar legítimo como Senhor e Rei. Que mudanças esse acontecimento trará para nosso mundo e nossa vida?
8. De que maneira o milênio cumprirá as quatro promessas mencionadas no capítulo 3?

- A aliança de Deus com Adão e Eva
- A aliança de Deus com Abraão
- A aliança de Deus com Davi
- A aliança de Deus com Jeremias

9. Por quais motivos Deus soltaria Satanás no final do milênio? Qual seria o propósito de soltá-lo?
10. Que impacto a realidade futura do milênio exerce sobre sua vida hoje?

Aplicação: A promessa do milênio diz respeito a um período de mil anos de paz e prosperidade aqui mesmo na terra, e não em algum lugar etéreo de nuvens flutuantes. Escreva sobre como você gostaria de viver nesse período. Seja específico.

> *Pai Celestial, elevo minha voz e declaro meu desejo de um mundo em que Satanás não tenha nenhuma influência e nenhum poder. Desejo um mundo em que Jesus seja bem-vindo e reconhecido como Rei, um mundo em que todos os governantes sejam agentes de sua vontade e de seu caráter. Por favor, Pai, transforme esse mundo em realidade em tempo oportuno! Em nome de Jesus, amém.*

CAPÍTULO 14
PARA ONDE AS ALMAS VÃO PARA MORRER

Ideia central: O inferno é um lugar real e morada final de todos que rejeitaram Cristo. Entretanto, aqueles que têm o nome escrito no Livro da Vida não precisam temer a eternidade.

1. Quais pensamentos a leitura desse capítulo despertou em você?
2. Leia sobre o julgamento do Grande Trono Branco em Apocalipse 20:11-15.
   - Como você descreveria esse momento? O que acontecerá?
   - O que é a segunda morte mencionada nessa passagem?
3. Por que é necessário que Deus julgue todos os seres humanos?
4. Como você descreve ou explica os dois livros apresentados durante o julgamento do Grande Trono Branco?
5. O que você aprendeu quando era criança sobre o inferno?
6. De que forma sua crença sobre o inferno mudou ao longo dos anos?

7. Descreva algumas ideias sobre o inferno presentes em nossa cultura.
8. Lucado apresentou uma pergunta bastante comum atualmente: "Como um Deus de amor é capaz de mandar as pessoas para o inferno?" Como você responderia a essa pergunta?
9. Em suas próprias palavras, resuma os dois conceitos de inferno mencionados nesse capítulo:
   - tormento eterno e consciente
   - aniquilação (ou destruição)
10. O que é necessário para que o nome de uma pessoa seja registrado no Livro da Vida?

Aplicação: Mais uma vez, separe alguns minutos (ou mais) ao longo do dia para orar por amigos e familiares que talvez estejam caminhando para o inferno, para uma separação total de Deus. Apresente essas pessoas ao Senhor e ore para que o Espírito as convença do pecado e as conduza a uma vida de retidão.

> *Senhor Jesus, tem misericórdia de nós! Senhor Jesus, tem misericórdia de todos aqueles cujos nomes não estão escritos no Livro da Vida. Envie seu Espírito para dar vida aos mortos, para nos ajudar a nos convencermos do pecado e a confessarmos esses pecados. Traga reavivamento para minha comunidade e mostre-me tudo que posso fazer em prol do reino. Em seu nome, Senhor Jesus, amém.*

CAPÍTULO 15
FINALMENTE EM CASA

Ideia central: Para todos que têm seu nome registrado no Livro da Vida, Deus está preparando agora mesmo um lar eterno, um lugar que chamamos de céu e onde finalmente veremos Deus face a face.

1. Gaste alguns minutos para imaginar o céu e o lar que Deus está preparando para você. Por favor, descreva-o.
2. De que maneiras específicas você reponde a Deus quando ele busca você?
3. Qual é a diferença entre paraíso e céu?
4. Leia Romanos 8:19-21. O que essa passagem tem a ver com a criação que conhecemos hoje? O que acontecerá com nosso mundo depois do milênio?

5. Leia Apocalipse 21:9-21 e observe a descrição de João sobre a Nova Jerusalém, outro termo para se referir ao céu.
    - Quais ideias ou imagens chamam sua atenção?
    - Com base nessa passagem, que palavras você usaria para descrever nosso lar eterno?
6. Leia Apocalipse 22:1-5. De que maneira essa passagem contribui para seu entendimento sobre como será o céu?
7. De acordo com Lucado, Deus tem "espaço de sobra para acomodar você". O que você aprendeu nesse capítulo sobre o tamanho da Nova Jerusalém?
8. Deus também tem graça para você. Por que os nomes gravados nas portas e nos fundamentos da Nova Jerusalém são importantes para nós?
9. Pense no momento em que você se encontrará com Deus face a face. O que você sente ao imaginar esse encontro?

Aplicação: Separe um momento para refletir sobre o lar em que você mora hoje. O que você mais aprecia em sua casa? O que você mais gosta em sua vizinhança? O que mais gosta em sua vida de modo geral?

Agora, pense em seu lar eterno. Quais aspectos de sua vida no céu você mais deseja desfrutar?

> *Senhor Jesus, creio que o Senhor está preparando, agora mesmo, um lugar para mim, conforme diz a Escritura. Creio que está preparando um lugar para todos que o seguem. Sou muito grato por isso! Agradeço por sua bondade para comigo, por sua provisão hoje e futuramente, e por tudo o que o Senhor tem feito e prometeu fazer. Em seu nome, Senhor Jesus, amém.*

CAPÍTULO 16
FEITOS PARA ALGO MAIS

Ideia central: Aquilo que experimentamos até aqui é apenas o comecinho do começo de tudo o que Deus preparou para nós na eternidade.

1. O que mais chamou sua atenção nesse capítulo final? Por favor, explique.
2. A Escritura fala com frequência a respeito da brevidade da vida humana, referindo-se a ela como uma sombra, uma neblina, um sopro. Cite algumas de suas experiências pessoais com a brevidade da vida.

3. Por que é tão importante aceitarmos a brevidade de nossa vida?
4. Lucado se refere a alguns momentos difíceis de nossa vida como "puxões no dedão do pé", com o propósito de nos despertar. Quais desses puxões ajudaram você a despertar?
5. Levando em consideração sua experiência, quais os principais motivos que levam as pessoas a permanecerem espiritualmente adormecidas?
6. Leia Colossenses 3:1-3 e observe o que Paulo escreveu a respeito de vivermos com a mente fixa na eternidade.
    - Quais são os benefícios de pensarmos nas "coisas que são do alto, onde Cristo está"?
    - Quais fatores tornam mais difícil a tarefa de sustentar essa perspectiva?
7. De acordo com Lucado: "Um dia sem pensar no céu é um dia mal vivido. A alma precisa contemplar o porvir várias vezes por dia". Cite algumas maneiras específicas pelas quais podemos vislumbrar a beleza e a alegria de nosso lar celestial.
8. Cite algumas maneiras específicas pelas quais podemos cultivar diariamente a expectativa do retorno de Jesus.
9. O que mais chamou sua atenção ou mais contribuiu para sua vida espiritual enquanto estudava este livro?
10. Depois da leitura do capítulo final, restaram algumas dúvidas ou questões que você gostaria de esclarecer? Onde você poderia encontrar mais informações?

Aplicação: Anote todos aqueles momentos em que você se sentiu mais feliz, todas aquelas ocasiões em que experimentou alegria e encanto. Em seguida, analise o que todos esses momentos de sua vida curta e temporária aqui na terra revelam sobre o que você espera do céu.

Pai celestial, agradeço a oportunidade de estudar sua Palavra e refletir a respeito das coisas que acontecerão na história futura. Agradeço a capacidade de ponderar mais profundamente sobre o arrebatamento, a tribulação, o banquete de casamento do Cordeiro, o milênio e a Nova Jerusalém. Agradeço, Pai, porque o Senhor se importa conosco a ponto de nos mostrar tudo o que acontecerá para que possamos encarar o futuro com fé. Em nome de Jesus, amém.

Este livro foi impresso pela Vozes, em 2024, para a Thomas Nelson Brasil. A fonte do miolo é Garamond Premier Pro. O papel do miolo é avena 70g/m².